Valerian Albanov

Au pays de la mort blanche

Valerian Albanov

Au pays de la mort blanche

Éditions Guérin - Chamonix

Le Santa Anna lors de son départ de Saint-Pétersbourg.

Le 28 juillet 1912*, le Santa Anna quittait Alexandrovsk dans le but de relier Vladivostok. Le chef d'expédition, Broussilov, souhaitait découvrir de nouveaux terrains de chasse et se livrer, le long des côtes de Sibérie, à la capture de phoques, morses, dauphins, baleines et ours blancs. L'auteur du récit, Albanov, avait été engagé par Broussilov comme officier de navigation.

Voici l'ordre de mission que lui donne Broussilov la veille de son départ du bateau :

« Officier de navigation Valerian Ivanovitch Albanov, vous avez émis le souhait de quitter le navire, avec les membres d'équipage listés ci-après, dans le but d'atteindre une terre habitée. Je vous ordonne d'entreprendre le 10 avril 1914 une marche sur la glace avec des provisions pour deux mois, des kayaks et des traîneaux. Après avoir quitté le bateau, dirigez-vous vers le sud jusqu'à ce

**Toutes les dates de ce livre correspondent au calendrier julien, en vigueur en Russie à cette époque. Elles sont donc en retard de treize jours par rapport à notre calendrier grégorien.*

que vous rencontriez une terre. Une fois atteinte, agissez suivant les circonstances, mais cherchez à rejoindre le canal Britannique qui sépare l'archipel François-Joseph et suivez-le en employant la route la plus appropriée pour rejoindre le cap Flora, où, je l'espère, vous trouverez des provisions et des bâtiments pour vous abriter. Par la suite, si les circonstances le permettent, rejoignez le Spitsberg. Une fois au Spitsberg, vous serez confrontés à la tâche particulièrement difficile d'y trouver des gens : nous n'avons aucune information sur l'emplacement où ils peuvent être. Nous espérons que, dans la partie sud de l'archipel, vous réussirez à rencontrer des campements ou un navire baleinier. Les 13 membres d'équipage dont les noms suivent vous accompagneront selon leur propre volonté : Petr Maximov, Yan Regal, Prokhor Baiev, Alexandre Archireiev, Olger Nielsen, Pavel Smirennikov, Vladimir Goubavov, Alexandre Konrad, Evgueny Shpakovsky, Ivan Lounaiev, Yogan Paraprits, Ivan Ponomarev, Alexandre Chakmin. »

Capitaine du navire Santa Anna
Lieutenant Broussilov.

Christian de Marliave

Édition originale du récit d'Albanov publié à Petrograd en 1917, sous le titre : Au sud vers la Terre François-Joseph.

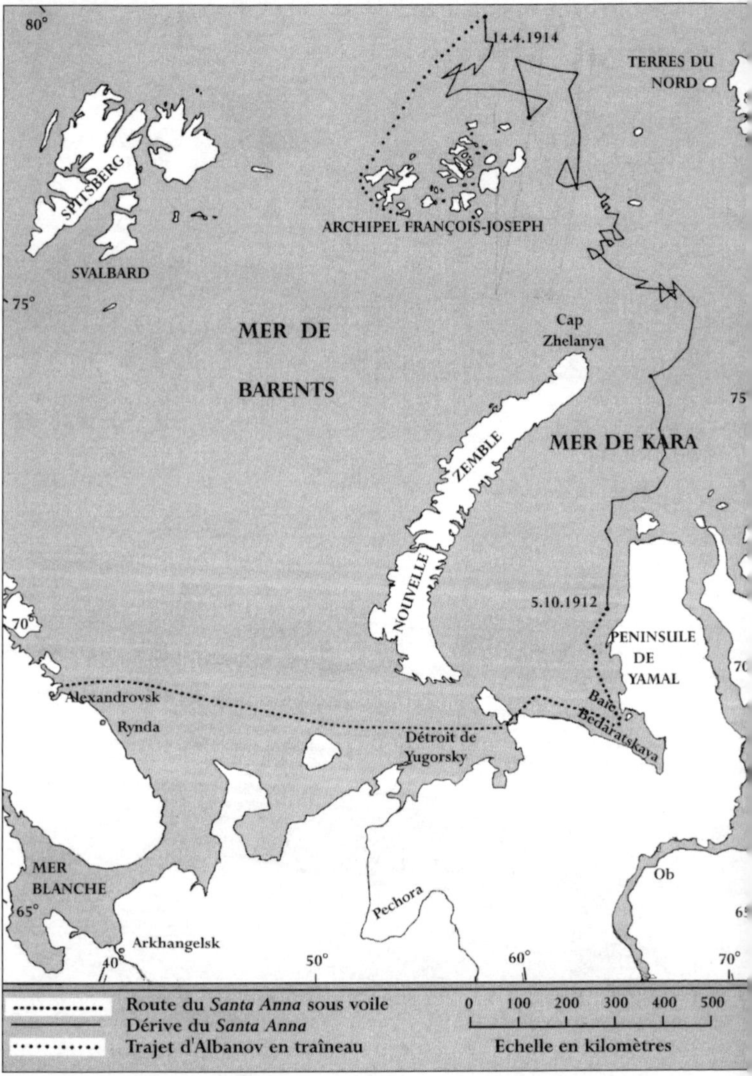
80°
14.4.1914
TERRES DU
NORD
SPITSBERG
SVALBARD
ARCHIPEL FRANÇOIS-JOSEPH
75°
MER DE
BARENTS
Cap
Zhelanya
MER DE KARA
ZEMBLE
NOUVELLE
70°
5.10.1912
PENINSULE
DE
YAMAL
Alexandrovsk
Rynda
Détroit de
Yugorsky
Baie
Bedaratskaya
MER
BLANCHE
65°
Pechora
Ob
Arkhangelsk
40°
50°
60°
70°
Route du *Santa Anna* sous voile
Dérive du *Santa Anna*
Trajet d'Albanov en traîneau
0 100 200 300 400 500
Echelle en kilomètres

Pourquoi je quitte le Santa Anna

Que de semaines et de mois se sont passés depuis le jour où j'ai quitté le Santa Anna et pris congé du lieutenant Broussilov ! La séparation devait être éternelle. Le navire était complètement encerclé. Il dérivait depuis un an et demi vers le nord le long de la Terre François-Joseph. C'est en octobre 1912 qu'il avait été arrêté dans les glaces de la mer de Kara sous 71°45' de latitude nord et avait perdu pour toujours la liberté de ses mouvements, devenu un simple jouet du vent et des courants.

Je l'avais quitté avec treize compagnons pour échapper à cette course sans but, atteindre à pied la terre François-Joseph et me réfugier en région habitée.

Quoique le temps écoulé depuis mon départ ne soit pas démesurément long, j'ai pourtant quelque peine à fondre de mémoire en un tableau sans lacune, les impressions peu réjouissantes de mon séjour à bord. Maints épisodes m'ont complètement échappé, mais certains événements sont pourtant restés vivants dans mon souvenir. Si le journal que je tenais régulièrement à bord s'était conservé, mon récit épuiserait toute la matière. Mais tous mes papiers, confiés à deux camarades la veille du jour où je fus sauvé, disparurent avec ces derniers ainsi que le kayak sur lequel ils s'efforçaient d'atteindre le cap Flora dans l'île Northbrook (Terre François-Joseph). La petite partie des notes que j'avais sur moi est intacte et embrasse la période du 14 mai au 1er août 1914. Et voici l'extrait du journal de bord du lieutenant Broussilov relatant les événements qui provoquèrent notre séparation, et qu'à mon retour, je remis au Bureau Hydrographique de Petrograd :

« Le 9 septembre, j'ai relevé le pilote de ses fonctions.

« Le 9 janvier, il m'a demandé l'autorisation et le matériel pour construire un kayak avec lequel il compte quitter le bateau au printemps. Étant donné la difficile position dans laquelle il se trouve à bord, j'y consentis.

« Le 22 janvier, quelques autres de mes hommes sollicitèrent la même permission, de peur d'un troisième hivernage dans ces conditions précaires, avec si peu de vivres. J'essayai de les retenir en leur promettant que, si le navire n'était pas dégagé l'été prochain, nous le quitterions dans nos bateaux de sauvetage, et leur rappelai le sort de la Jeannette dont l'équipage avait dû franchir une distance bien plus grande dans des barques fragiles, et avait pu cependant gagner une terre salvatrice. Mes efforts furent vains car ils ne croyaient plus à la libération du Santa Anna et souffraient trop du désir de revoir des pays civilisés. Je leur annonçai qu'ils pouvaient tous se préparer et partir si c'était ce qu'ils souhaitaient. Quelques-uns toutefois se décidèrent à rester et leur nombre augmenta peu à peu, plus que je n'aurais désiré, mais je ne voulais forcer personne à partir. Finalement demeurèrent avec moi outre l'infirmière : les deux harponneurs, le mécanicien, le chauffeur, le cambusier, le cuisinier et deux jeunes matelots. Il me les fallait pour conserver et diriger le vaisseau. Avec eux, les vivres suffiraient pour un an, en les ménageant strictement, de sorte qu'après mûre réflexion je ne pus que me féliciter de cette tournure inattendue des choses. Ma responsabilité était sauve puisque ces gens partaient de leur plein gré, choisissant librement leur destinée... »

À la mention de mon congé par Broussilov, fut ajoutée au Mémoire hydrographique, à ma demande expresse, l'explication suivante :

« Quand le lieutenant fut guéri de sa longue et grave maladie, nos rapports devinrent de plus en plus difficiles, au point d'être insupportables dans notre situation désespérée. Ne pouvant plus compter sur un apaisement, je priai le lieutenant de me relever de mes fonctions de pilote. »

Son propre récit prouve sans conteste que je voulais partir seul. Ce n'est que le 22 janvier qu'il me dit qu'une partie de l'équipage désirait me suivre. La seule cause de mon départ était notre différend, tandis que les autres partirent par crainte d'un troisième hivernage et de l'épuisement des vivres.

Quelques mots encore sur mon conflit avec Broussilov : réfléchissant aujourd'hui à notre querelle, à distance et à tête reposée, je dois reconnaître que, sous la pression de la désespérance, nous avions tous deux les nerfs très malades. Notre voyage avait été malheureux dès le début. Les graves maladies, l'absence de tout espoir de voir notre sort changer bientôt, la certitude d'être à la merci de forces hostiles, enfin le souci croissant d'un approvisionnement insuffisant, créaient le terrain le plus propice à toutes sortes de dissentiments et surexcitaient notre irritabilité maladive. Les petites incompatibilités qu'une cohabitation étroite et prolongée provoque inévitablement nous séparèrent de plus en plus et finirent par creuser un fossé presque infranchissable.

Aucun des deux ne se sentait la force d'écarter les pierres d'achoppement et de renverser de sang-froid les barrières qu'elles avaient dressées. L'air était pour ainsi dire saturé de matières explosibles aussi souvent que nous prenions contact ; l'hostilité latente ne faisait que croître, un emportement insensé nous dominait chaque fois. Pour des riens, nous nous querellions parfois au point que la colère nous empêchait de parler et qu'il nous fallait nous séparer pour prévenir des conflits plus graves. Si plus tard, l'orage de la passion calmé, nous réfléchissions chacun pour soi à la cause exacte de la dispute, nous ne trouvions pas de motif réel dans la plupart des cas. L'examen de conscience le plus sérieux ne put me rappeler si, depuis septembre 1913, nous nous étions une seule fois entretenus tranquillement ! Nous étions toujours surexcités et rompions bientôt la discussion de façon abrupte. À présent, je suis persuadé que nous nous serions vite entendus, s'il nous avait été possible de garder notre sang-froid. Nous eussions sans nul doute reconnu que la plupart des cas ne comportaient aucun sujet de querelle. Un peu de patience réciproque aurait vite rétabli nos relations. Mais nos sens surchauffés en étaient incapables. Malgré tout, nous ne nous séparâmes pas en ennemis. Cet état d'âme singulier, maladif, me semble maintenant une énigme psychologique indéchiffrable...

Le Santa Anna était admirablement équipé, et approvisionné pour deux ans. Nous n'étions que vingt-quatre personnes et nos vivres étaient calculés pour trente. Il ne pouvait donc provisoirement y avoir de pénurie, sans compter que la fructueuse chasse à l'ours nous offrit, la première année, des suppléments considérables. Il était donc permis d'admettre qu'une stricte économie nous ferait vivre tous un an de plus, soit jusqu'en décembre 1914. Si les produits de la chasse étaient restés aussi satisfaisants qu'au début, tous nos soucis de subsistance se seraient évanouis.

Au début de 1914, nous reconnûmes l'impossibilité de nous dégager de la glace ; dans le cas le plus favorable, nous dériverions jusqu'en automne 1915, soit vingt mois complets. Si nous étions restés tous à bord, la disette nous aurait menacés au plus tard en janvier 1915. Or, dans la nuit polaire, la lutte contre la faim, sans espoir de salut, signifie une mort assurée ; en cette saison il ne peut être question de chasse, car toute vie est éteinte. Seule, la « mort blanche » étend alors ses tentacules pour étrangler les êtres humains égarés dans ses domaines.

Mais si une portion importante de l'équipage abandonnait le navire à une époque qui offre les conditions de marche et de chasse les plus favorables, si en outre les partants emportaient des vivres — surtout des biscuits — pour deux mois, il restait aux occupants du Santa Anna assez de provisions pour ne pas souffrir de privations jusqu'en automne 1915. Et nous pensions qu'entre-temps le navire réussirait à atteindre la mer libre quelque part entre le Groënland et le Spitsberg.

Notre départ nuisait-il au service du bateau ? Broussilov lui-même était d'avis que dix hommes suffisaient amplement à le diriger, même en haute mer. Par contre notre départ ajoutait, à l'économie de vivres, un autre avantage très appréciable : nous manquions franchement de combustible.

Il n'y avait plus à bord ni un morceau de charbon ni une bûche ; nous nous chauffions uniquement avec de la graisse d'ours et de phoque mêlée d'huile de machine. Le samovar était alimenté par le bois des parois des cabines et autres morceaux non indispensables. Pendant l'hiver 1913-1914, tout l'équipage vécut dans deux pièces de l'arrière, l'une supérieure, plus petite et plus froide, et l'autre inférieure, suffisamment chaude puisqu'il s'y faisait aussi la cuisine. Nous partis, les restants pouvaient tous se loger dans ce dernier local, ce qui simplifiait d'autant la question du chauffage. La santé générale gagnait aussi à ce changement, car la température de l'autre pièce ne pouvait de jour être portée à plus de +5°C et descendait de nuit régulièrement à -3°C.

Toutes ces circonstances firent que le lieutenant ne nous vit pas partir d'un mauvais œil et cette solution nous était aussi avantageuse qu'à nos camarades. Nous avions, de part et d'autre, la même destinée : nous allions au-devant d'un avenir incertain. Nul ne savait encore qui resterait vainqueur dans cette lutte inégale contre les éléments perfides…

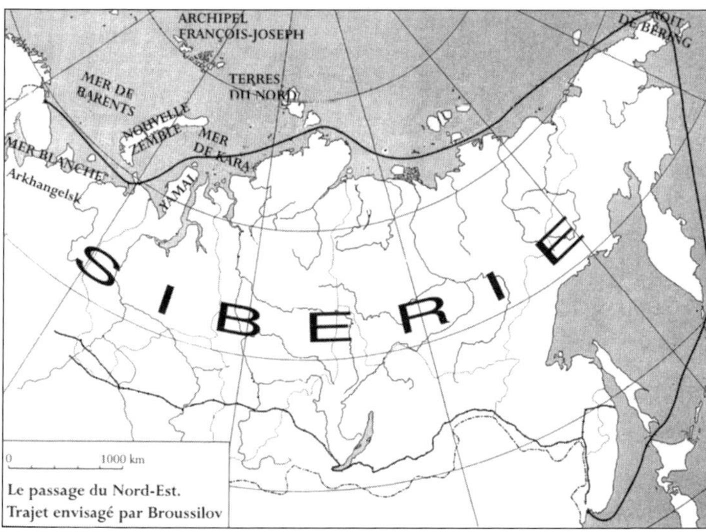

Le passage du Nord-Est.
Trajet envisagé par Broussilov

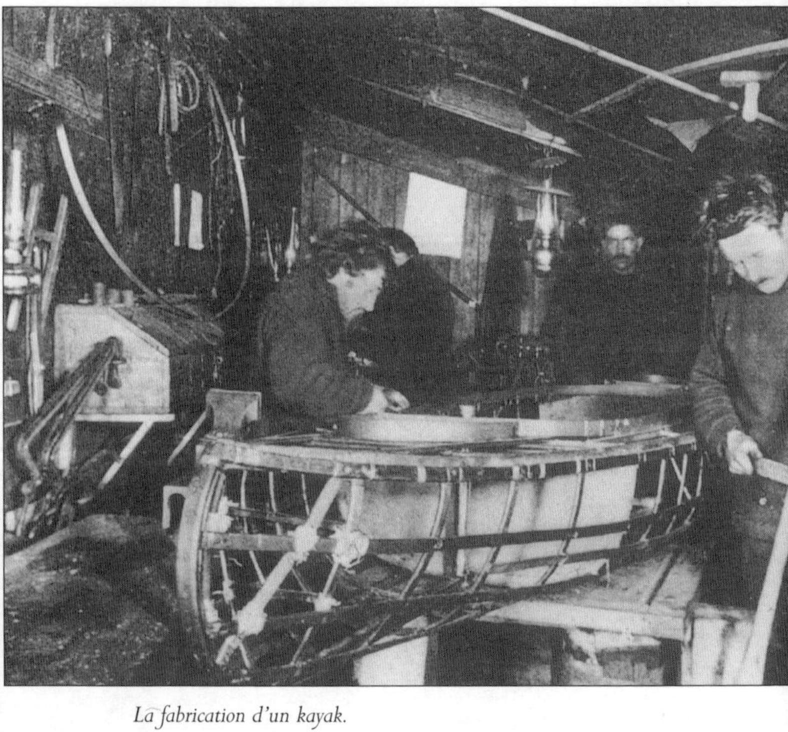

La fabrication d'un kayak.

Chapitre II

Les préparatifs de l'expédition en traîneau

Nos préparatifs commencèrent le 10 janvier 1914. Ils nous donnèrent fort à faire, car il s'agissait de construire sept traîneaux et sept kayaks, de mettre nos habits en état, de coudre, de raccommoder les bottes, de réunir les provisions et de songer à mille choses. Les difficultés croissaient de jour en jour, car nous manquions de matériaux et d'outils. Déjà le bois nécessaire à la construction des traîneaux et des kayaks ne répondait nullement aux exigences de la situation. Il fallait donc, pour cette difficulté, trouver une issue qui menait tout de même au but. Nous avons commencé par confectionner les outils, et cela avec une peine infinie. Les différentes parties des kayaks étaient réunies par des ficelles et le tout finalement recouvert d'un treillis fait de ficelle mince, quoique très forte, puis encore revêtu de toile à voile fournie par les voiles de réserve. Nous avions dressé notre atelier à fond de cale, où sévissait un froid de -37°C. Comme éclairage nous avions des lampes à huile de poisson, dites « fumeuses », et qui ont vraiment fait honneur à leur surnom, car elles nous donnèrent souvent plus de fumée que de lumière. Nos mains gelées étaient peu aptes au travail ; de temps en temps il nous fallait les dégeler sur les lampes pour pouvoir continuer. Ce n'est qu'avec une peine infinie que nous réussîmes à clouer les kayaks et à coudre les toiles. L'aiguille glacée brûlait comme du fer rouge et provoquait des ampoules au bout de tous nos doigts. Les aiguilles aussi étaient de notre fabrication. Nos kayaks et traîneaux remplirent bientôt tout le bateau. Nous travaillions du matin au soir et égayions notre dur labeur par des plaisanteries et des chants, tous pleins d'espoir. Cette diversion animait la monotonie paralysante de notre existence et créait, malgré tous les obstacles, une disposition qui nous poussait à l'action.

Outre la charge ordinaire, on avait initialement prévu un traîneau pour deux hommes. Les kayaks reçurent des noms tels que mouette, plongeur, canard, serin, pingouin, etc. Leur badigeonnage nous causa de nouvelles difficultés, le froid empêchant la couleur d'adhérer. Nous trouvâmes un expédient en les descendant par une ouverture dans la cuisine, où la chaleur fit tenir le badigeon. En mars, à l'étrave du vaisseau, s'était formée dans la glace une place d'eau libre qui eut bientôt quatre mètres de large. Nous y essayâmes nos embarcations, qui se comportèrent mieux que nos matériaux et outils si défectueux ne nous permettaient de l'espérer. Il fallait nous estimer contents, même si ces dernières ne répondaient pas à toutes les exigences, les flancs n'étant faits que de planches de sapin desséchées et les traverses de douves de tonneaux. Les traîneaux étaient de matière encore pire ; pour les patins, on utilisa les planches en bouleau des tables déjà vieilles et délabrées, une partie seulement put être façonnée avec des lanières de bois d'aulne. Le choix des matériaux me mit plusieurs fois si vivement aux prises avec Broussilov que le souvenir m'en est encore douloureux. Il croyait que nous n'aurions à parcourir qu'un chemin, pénible sans doute, mais très court et que nous verrions la Terre François-Joseph après six jours au plus.

Aussi souriait-il de nos efforts pour donner à nos traîneaux le plus de résistance possible. Il prétendait bien plus sage de nous servir d'une chaloupe ordinaire et nous rappelait l'expédition du lieutenant De Long. Quant à moi, j'envisageais l'avenir avec fort peu d'optimisme, et la rigueur du sort m'apprit bientôt combien plus terrible devait être notre marche dans la glace, que j'avais estimée à un mois. Il eût été impossible d'emporter la lourde chaloupe, qui courait sur des patins et pesait, vide, 960 kilos. D'ailleurs nous ignorions même où nous étions et si nous rencontrerions une terre, n'ayant même pas de carte de la Terre François-Joseph. Pour retracer nos zigzags dans la glace, je dressais avec peine le réseau des méridiens et des parallèles, où je reportais cette terre, agrandie, comme je la voyais sur la carte jointe à l'ouvrage de Nansen, *Dans la glace et les ténèbres.* Lui-même ne lui attribuait aucune importance et ne l'avait insérée que pour donner une idée approximative de cet archipel. Elle marquait le cap Fligely sous le 82° 12' et indiquait au nord la grande Terre de Petermann et au nord-ouest celle du Roi Oscar. Quelle fut donc notre surprise, lorsque, nos observations astronomiques signalant ces terres au début de mars et d'avril, nous ne vîmes autour de nous à perte de vue que d'infinis champs de glace au lieu des masses de terre attendues. Aucun indice ne trahissait leur voisinage : ni les ours (l'an passé à la même époque nous en avions tué quarante-sept), ni des places ouvertes dans la glace, ni, au bout de l'horizon, le ciel d'eau qui avait coutume d'annoncer pour ainsi dire ces ouvertures. L'horizon était au contraire très clair, il cheminait lentement et tranquillement, n'autorisant nulle « rêverie optimiste ». Ces signes infaillibles nous imposaient la perspective d'un chemin long et pénible à travers une neige profonde et par-dessus des monceaux de glace.

Il est vrai que, dès janvier, lorsqu'au midi le ciel commençait à rougir faiblement, plusieurs d'entre nous, dont moi-même, avaient vu sur cet arrière-plan rosé quelque chose qui ressemblait à une terre, sans doute extrêmement éloignée, et qui restait visible quelques heures. D'autre part, la profondeur diminuait soudain et beaucoup de renards blancs passaient près du bateau. C'était peut-être le cap Fligely sur la Terre du Prince Rodolphe. Depuis, de longs mois s'étaient écoulés.

Nous dérivions toujours plus loin et poursuivions sans répit cette course sans but vers le nord.

Poussé par le vague espoir de découvrir quelque terre éloignée, je montai par un beau jour ensoleillé dans la tonne d'observation au grand mât, à environ 30 mètres au-dessus du niveau de la mer. Je fouillai en vain l'horizon. À perte de vue rien qu'un amas de glaçons qui, vers le sud, dans la direction de notre but, prenait la forme d'une immense barrière consistante, semblant nous barrer l'accès de la liberté avec nos traîneaux, tous lourdement chargés de près de 1 000 kilos. Mais ce n'était qu'une illusion : un passage se trouverait toujours, avec quelle peine surhumaine, c'est ce que nous allions éprouver ! À ce moment-là nous nous imaginions encore pouvoir parcourir au moins 10 kilomètres par jour.

Quand il y a du soleil, on est très bien là-haut dans la tonne d'observation, le nid-de-pie, comme on l'appelle. C'est à peine si une légère brise agite le gréement recouvert de givre. Le Santa Anna semble rêver dans son blanc vêtement étincelant, orné comme de main de maître des merveilles cristallines de la gelée et enveloppé de neige floconneuse jusqu'au pont. Parfois les guirlandes de neige se détachent du gréement et tombent comme des fleurs, avec un léger bruit, sur le bateau endormi, qui, de là-haut, apparaît plus mince et plus long. Les hautes vergues élancées ont l'air élégantes, presque fragiles. Comme inondés de rayons éblouissants, les agrès jettent un reflet magique sur le vaisseau rêveur, qui repose depuis un an et demi sur sa couche glacée. Quel sera son sort ? Dormira-t-il encore longtemps pour se réveiller à une vie nouvelle entre le Spitsberg et le Groenland, sur le lit de glace qui lui fut apprêté dans la mer de Kara, sur les rives de la péninsule de Yamal, bien loin de sa prison actuelle ? Descendra-t-il alors de sa couche ambulante dans son élément propre ? Étendra-t-il ses grandes ailes blanches pour voler sans entraves sur la mer bleue et échanger l'empire de la « mort blanche » contre le sud ensoleillé, où les lourds cauchemars s'évanouissent à la clarté miroitante d'une vie bruyante, comme les voiles de la nuit à l'aurore radieuse ? Ou alors, sera-t-il, dans une glaciale nuit de tempête qui fouette à travers les airs la neige tourbillonnante alors que lune et étoiles sont englouties par d'effroyables ténèbres, rudement réveillé au milieu de l'ouragan, par le fracas des vergues et des planches croulantes, qui, anéanties elles-mêmes, provoqueront, dans leur chute, un nouvel anéantissement ? Alors son corps frissonnera dans l'agonie, ses planches se briseront dispersées comme de la balle. Un nouveau tertre de glace marquera sa tombe, et les furieux accords de la tempête de neige seront un chant funèbre. De blanches masses de flocons effaceront les traces de la catastrophe. Et près de son tombeau quelques hommes solitaires, chassés de leur refuge, livrés à la désolation et au désespoir, tâcheront d'abriter les derniers et pauvres restes de leur avoir. En face de la mort certaine, ils se cramponneront encore à la vie et nourriront un espoir qui ne se réalisera pas. Quelle destinée t'attend, beau et fier navire ? Ta destruction lente a déjà commencé. Même la plus modeste planche n'a été arrachée de ton flanc qu'à contrecœur. Mais les êtres que tu as portés jusqu'ici combattent comme toi avec le courage du désespoir contre la perfidie des éléments.

Déjà le deuxième dur hiver dans les glaces a fui. Les nuits polaires à l'infinie et les terrifiantes obscurités cèdent la place aux premiers rayons timides du soleil triomphant, qui décrit chaque jour un demi-cercle plus élevé et éveille la vie de toute part. L'équipage revit aussi. Du matin au soir les camarades affairés courent entre le navire et quelques étranges embarcations alignées tout près, en maniant divers outils. Ces singuliers appareils sont doubles, composés d'abord de longs traîneaux étroits sur hauts tréteaux ; puis ces traîneaux eux-mêmes portent sur de mous coussins de légers kayaks en toile de voile, formant corbeille aux traîneaux, et à l'aspect farouche dans leur noir badigeon. Cette impression lugubre est un peu adoucie par les larges bandes de toile blanche qui entourent les kayaks et sont si solidement attachées au châssis des traîneaux que l'ensemble présente un tout unique. D'une bande à l'autre, les ficelles courent obliquement pardessus les kayaks, qui sont ainsi non seulement consolidés par les bandes, mais encore protégés contre les arêtes aiguës et saillantes des glaçons.

Une grande activité règne à bord et alentour. On en est aux derniers apprêts du départ ; ceux qui restent aident avec ardeur. Tous ont fort à faire. Les artisans de métier peuvent déployer leur adresse ; d'autres prêtent leur concours pour arrimer bagages et provisions. Seuls sont absents le lieutenant Broussilov, Mlle Zhdanko et le harponneur Shlensky, qui, depuis une semaine, préparent la correspondance que nous emporterons chez les hommes qui vivent dans le présent et non pas seulement dans le passé et l'avenir comme ceux qui, au milieu des glaces polaires, attendent leur délivrance.

Nos provisions n'étaient guère variées. Avant d'être empaqueté, le biscuit fut encore une fois bien desséché pour aller ensuite dans des sacs de 20 livres chacun, qui furent hermétiquement cousus. Nous reçûmes en partage l'une des trois tentes comprises dans l'inventaire du Santa Anna. Elle était grande, ronde et fort lourde (24 kilos) en comparaison de celle de Nansen. Lorsque plus tard elle fut mouillée et gelée, elle devint trop incommode à porter et nous dûmes l'abandonner. Mais pendant la première moitié de notre voyage en traîneau, elle nous a rendu des services inestimables en nous protégeant du froid et des tempêtes de neige. En fait d'armes, nous emportions 2 fusils à répétition, 3 fusils de chasse à phoque norvégiens, 1 fusil à plomb à double canon et 2 harpons, avec environ 48 kilos de munitions nécessaires au service de ces diverses armes. Joignez à ces bagages les vêtements chauds, outils et instruments tels que cognées, skis, vaisselle, matériel de raccommodage de toute sorte, etc... Outre le poids propre des kayaks et traîneaux, nous avions à traîner 1 040 kilos.

D'abord, deux hommes devaient tirer un traîneau. Chacun de nous avait une courroie en toile de voile, à laquelle était fixée une corde. La courroie se mettait en travers de la poitrine ; la corde, au contraire, se fixait à la pointe ou à l'un des espars de devant du traîneau, de sorte que l'homme attelé pouvait d'une main soutenir l'étrave de la barque et ainsi diriger le traîneau à volonté, tandis que l'autre main tenait un bâton de ski. L'un des deux hommes était à droite, l'autre à gauche du traîneau, qui, certes, se fût laissé tirer très commodément ainsi, si la route n'avait été barrée à chaque pas par des « toros » (blocs de glace accumulés) et si nous n'avions pas constamment enfoncé dans la neige jusqu'aux genoux. Hélas ! nous dûmes bientôt nous convaincre de l'impossibilité d'avancer ainsi à la longue.

J'ai déjà dit qu'il n'y avait pas à bord de carte utilisable pour nous et que j'avais copié la seule existant dans l'ouvrage de Nansen. Outre ce livre et *La glace de la mer de Sibérie* de Koltschak*, nous n'avions aucune œuvre spéciale. Le récit de Nansen, *Dans la glace et les ténèbres*, était notre seul guide, auquel nous devions tout ce que nous savions de la Terre François-Joseph ; par exemple, presque vingt ans auparavant (1895-1896) Nansen et Johansen avaient parcouru cet archipel et hiverné dans une île qu'ils nommèrent île Jackson. L'année suivante, ils s'étaient rencontrés, dans l'île de Northbrook près du cap Flora, avec Jackson qui s'y était établi et y avait passé plusieurs hivers. Une série de constructions avaient été élevées alors. Seraient-elles restées intactes avec leur dépôt de vivres ? Qui pouvait le dire ? Nous savions seulement que Nansen vantait spécialement le butin de chasse du cap Flora et de la Terre François-Joseph et comptions trouver des morses que nous pourrions surprendre dans leur sommeil et tuer sans risques. Tirant tout notre savoir du court récit de Nansen, nous le couvions comme un précieux trésor. Je l'avais relu si souvent que je pouvais en reproduire de mémoire des passages entiers. J'en avais noté tous les détails dans mon carnet, surtout

* *Koltschak prendra en tant qu'Amiral la tête des armées antibolchéviques. Il sera exécuté en 1921 par les Rouges.*

ceux qui pourraient m'aider à me tirer d'affaire en cas douteux. Mais à quoi nous serviraient toutes ces indications, si nous ne trouvions pas cette terre inconnue ? J'avais également marqué les hauteurs du soleil et les synchronismes pour un an et demi. Ces données provenaient d'un ouvrage anglais que nous avions trouvé par hasard dans l'inventaire lors de l'achat du bateau, mêlé à un stock de vieilles cartes marines et de livres de loch.

De la Terre François-Joseph il nous fallait encore passer au Spitsberg et cet archipel nous était encore bien moins connu ! Dans ce même livre anglais, je découvris fortuitement dix à douze points astronomiques avec indication de longitudes et latitudes du Spitsberg. Je reportai ces points sur une carte que j'avais dressée, avec méridiens et parallèles, sans toutefois savoir ce qu'ils signifiaient. Indiquaient-ils une île, un cap, une montagne ou une baie ? Bref, ils étaient sur ma carte et mon imagination pouvait à volonté les relier entre eux par des lignes. J'étais comme devant un rébus que seules les expériences futures dévoileraient.

Nous savions aussi de la Terre François-Joseph, que l'Étoile polaire du duc des Abruzzes s'était avancée à travers le canal Britannique jusqu'à la baie de Teplitz et que le lieutenant russe Sedov avait débarqué dans une des îles. Il comptait y passer l'hiver après avoir renvoyé son bateau à Arkhangelsk et tenter au printemps d'atteindre le pôle.

La veille de notre départ, Broussilov me manda pour me lire le projet d'un ordre du jour dont il voulait me donner une copie. Cette pièce, datée du 10 avril, nous ordonnait de commencer aussitôt, avec un approvisionnement de deux mois et nos barques et traîneaux bricolés, une marche que nous devions poursuivre jusqu'à ce que nous trouvions une terre. Puis, selon les circonstances, nous devions tâcher d'aborder, pour atteindre le canal Britannique et le cap Flora, où nous serions assurés de trouver huttes et dépôts pour hivernage. Si la température nous le permettait, nous devions ensuite gagner le Spitsberg, sans toutefois perdre de vue les côtes de François-Joseph. Dans l'extrême sud de l'archipel, nous rencontrerions peut-être des hommes et, en mer, quelques chasseurs de phoques. C'était pour ainsi dire notre directive pour la marche vers le sud. Le document établissait en même temps pour chacun de nous le calcul jusqu'à ce jour de notre solde, que l'armateur, le général de division en retraite B. A. Broussilov, propriétaire à Moscou et qui avait équipé l'expédition, devait nous payer. Notre signature confirma l'exactitude du compte.

Vers le soir, le lieutenant me fit encore une fois venir dans sa cabine pour me donner la liste des objets que nous emportions et que je devais, si possible, lui restituer plus tard. La voici : 2 fusils Remington, 1 fusil norvégien, 1 fusil à plomb à double canon, 2 fusils à 6 coups chacun, 1 scie, 2 boussoles, 14 paires de skis, 1 sac de campement, 1 chronomètre, 1 sextant, 14 ruck-sacs, 1 petite longue-vue, 1 loch transformé en podomètre pour indiquer les distances parcourues, 2 harpons, 2 cognées, 14 sacs de couchage, plus une tente, que nous reçûmes après coup.

Broussilov décida encore que, si j'atteignais Alexandrovsk sur la côte mourmane, je devais y livrer les traîneaux et barques au chef de la police. À la fin de notre entretien, le crépuscule était presque complet. Tous allèrent se coucher, tandis que j'étais en proie à la plus vive anxiété ; je me voyais déjà errant dans le désert glacé, sans espoir de salut.

Le soir de ce jour si décisif pour moi, je consultai encore une fois la liste de mes compagnons pour me rendre compte du ressort exact et de l'endurance de chacun en particulier. Car je doutais déjà de quelques-uns d'entre eux, ne serait-ce que du point de vue de leur simple résistance physique. L'un avait déjà cinquante-six ans et tous se plaignaient de souffrir des pieds ; aucun n'était absolument valide. Un avait des plaies ouvertes aux jambes, un autre une hernie, un troisième souffrait de la poitrine depuis longtemps et tous, sans exception, avaient de l'asthme et des palpitations.

Bref, ce furent de sombres réflexions qui m'assaillirent ce soir-là et me découragèrent. Était-ce le pressentiment d'un grand malheur, au-devant duquel j'allais sans pouvoir l'éviter ?

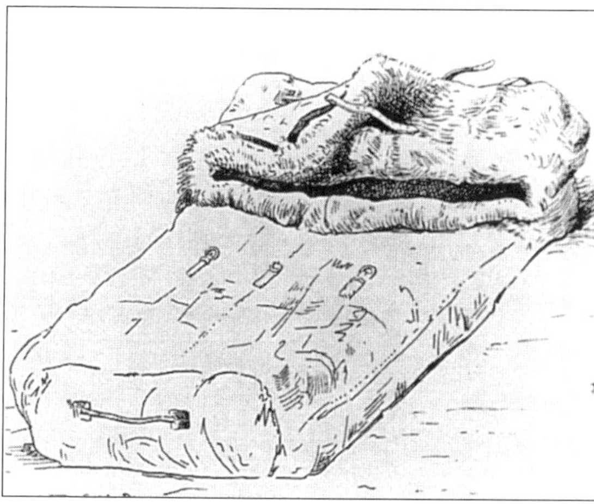

Sac de couchage en fourrure de renne.

Observation depuis le nid-de-pie.

Chapitre III

Le dernier jour à bord du Santa Anna

Lorsqu'enfin ce jour ardemment désiré parut et que peu d'heures seulement restèrent avant la séparation définitive, un léger regret vint se mêler à mes pensées : j'abandonnais le navire et ses hôtes ; il était tout à fait livré à lui-même et aux caprices d'un sort incertain. Un long séjour m'avait familiarisé avec lui ; que de fois, dans des situations dangereuses, n'avions-nous pas tous trouvé sur lui abri et sécurité ! N'y avais-je pas éprouvé aussi des impressions agréables, surtout au début de notre voyage ? Nous vivions alors dans la meilleure harmonie et savions offrir même aux heures sombres un visage serein, supportant l'infortune avec joie et courage. Que de gaies soirées n'avions-nous pas passé ensemble au domino dans notre coquet salon, à la lueur rougeâtre d'un bon feu de cheminée ! L'eau du thé mijotait dans le samovar. Il y avait alors encore assez de pétrole et nos lampes éclairaient suffisamment pour n'importe quelle occupation. Les hommes avaient de l'entrain, agrémentaient la conversation par toutes sortes de plaisanteries aimables, chacun exprimait librement ses espoirs sur le sort qui nous attendait. Partout régnait un ton agréable qui excluait tout désaccord. Les événements à venir ne projetaient encore nulle ombre…

La glace du sud de la mer de Kara ne participe pas au mouvement général des glaces polaires, cette conviction nous était acquise par des expériences précédentes. Nous pensions errer pendant quelque temps sur cette mer, jusqu'à ce que le soleil nous délivrât et nous ouvrît l'accès du Ienisseï, d'où Broussilov devrait aller à Krasnoïarsk faire des achats et prendre la correspondance ; en même temps, nous nous ravitaillerions en charbon et remettrions tout en état pour pouvoir poursuivre aussitôt notre route. Le Santa Anna supporterait certainement la dure épreuve qui lui serait imposée, étant bien supérieur aux deux bateaux norvégiens Nimrod et Santa Foka, qui avaient été destinés d'abord à la chasse au phoque et achetés ensuite pour des expéditions. Sans doute, les chambres étaient très froides dans notre bateau, mais nous arriverions bien à supprimer ce défaut. Nous compléterions notre charbon dans l'île Dikson, tandis que Broussilov irait directement à Krasnoïarsk dans la chaloupe à moteur, pour n'avoir pas à attendre le vapeur qui fait le service régulier, ce qui aurait pris beaucoup de temps. Nous espérions de cette façon finir pourtant par arriver à Vladivostok, quand ce ne serait qu'au bout d'un an. Qu'importe ! L'équipage du Santa Anna a, au début, chassé le phoque, et l'occasion de le faire à nouveau ne nous manquerait pas, puisque la mer au nord de la Sibérie fourmille de morses. C'étaient là les plans que nous rediscutions tous les soirs au thé. Mlle Erminia Zhdnako jouait le rôle d'une parfaite hôtesse et prenait vive part à nos intérêts. Elle ne s'est jamais plainte d'avoir été, par notre infortune, mise dans le « pétrin », comme nous avions coutume de dire, ce qui la fâchait sérieusement car elle partageait toutes nos peines avec une bravoure exemplaire.

Mais ces jours fortunés appartenaient déjà au passé lointain de la première moitié de l'hiver, lorsque nous ne dérivions pas encore. Le Santa

Anna était alors aussi brillant et coquet qu'au port de la Néva près du pont Nicolaï, avant de suivre « les traces de Nordenskjöld »! La peinture blanche était encore presque intacte sur les parois et le pont, les meubles en acajou du salon reluisaient comme des miroirs, de magnifiques tapis ornaient le parquet. Cale et cambuse regorgeaient de vivres et de toutes les friandises qui flattent le palais. Mais ces trésors irremplaçables diminuaient de façon inquiétante. Il nous fallut boucher les orifices, munir les écoutilles de doubles cadres ou les clore hermétiquement, écarter nos lits des parois extérieures, pour qu'oreillers et couvertures ne fussent pas raidis par la gelée. Nous dûmes aussi couvrir plafonds et parquets de planches, de toile à voile, de couches de carton et de feutre, enfin suspendre en bien des endroits des écuelles pour recueillir l'eau qui coulait sans cesse des plafonds et des murs. Notre pétrole était fini, et depuis longtemps nous utilisions des boîtes de ferblanc, dans lesquelles une graisse d'ours et de phoque alimentait les mèches qui enfumaient plus qu'elles n'éclairaient. En hiver, la température de nos pièces oscillait entre +5° et -3°C., et les « fumeuses » ne perçaient qu'imparfaitement la pesante obscurité. Plusieurs de ces lampes allumées sur la table ne traçaient qu'un faible cercle lumineux. Leurs petites flammes tremblotantes répandaient une vague lueur rougeâtre, et cet éclairage défectueux prêtait aux personnes entourant la table un aspect spectral, seul avantage des « fumeuses », car les visages de ces êtres étaient sales autant que leurs habits usés. Le savon était épuisé depuis longtemps et les essais pour en fabriquer échouèrent lamentablement. Il collait au visage comme de la graisse et ne s'en allait qu'à grand-peine. Au salon, murs et plafond étaient recouverts d'une croûte de glace. Les couches s'amincissaient vers le milieu du local, qui, seul, restait à peu près net, la glace ne pouvant s'y former. L'eau qui ruisselait sans cesse avait détaché du bois la couleur qui pendait le long des murs en de sales lambeaux imprégnés d'eau. Sur le bois dégarni et saturé d'humidité poussaient partout des champignons de moisissure et des foyers de pourriture.

Mais la nécessité habitue à beaucoup de laideurs. C'est ce qui nous arriva. Le changement s'effectuant peu à peu, nos regards s'étaient familiarisés progressivement avec ces impressions déplaisantes et nous finîmes par ne plus guère remarquer l'horreur de notre entourage ; car la ruine grandissante s'espaça sur une durée de dix-huit mois et nos misérables lampes nous masquèrent la difformité des images.

Malgré ce milieu peu réconfortant, je me réveillai, le dernier matin, plein de mélancolie à la pensée de quitter le Santa Anna. Que de souvenirs m'assaillirent ! J'avais passé un an et demi dans ce réduit où s'était déroulée toute mon existence et qui, ces derniers temps surtout, était devenu mon « buen retiro ». J'y vivais ma vie propre et mes compagnons tissaient leurs jours de l'autre côté de la paroi, d'où parfois des sons venaient frapper mon oreille, tandis que de ma solitude rien ne filtrait jusqu'à eux. Mes murs enfermaient mes pensées et mes plans, mes espoirs et mes craintes ; ils restaient à moi !

Notre départ était fixé au soir du 10 avril. Je montai sur le pont. Il faisait très beau. Une rare clarté s'étendait jusqu'au lointain horizon monotone, c'était le premier vrai jour printanier de l'année. Air pur et tranquille, pas un souffle, pas un nuage au ciel. Le soleil répandait ses rayons réchauffants sur les sombres enveloppes des kayaks. La neige fondait même par endroits. Je déterminai la hauteur du soleil avec le sextant et le chronomètre et l'aide du harponneur Denisov. À midi, j'obtins une favorable hauteur du méridien pour déterminer le point où nous étions, à savoir sous le 82°58'5 de latitude N. et le 60°5'de longitude E. de Greenwich. Pendant ce temps, mes camarades avaient transporté tous nos kayaks et traîneaux sur le côté droit du bateau, pour les aligner contre la passerelle, les pointes vers le sud. Mon traîneau était le premier.

Le repas d'adieu en commun eut lieu à trois heures, inspiré probablement par notre cambusier Regald et notre cuisinier Kalmikov, le « chanteur et poète » infatigable. Il était à l'ouvrage depuis l'aube, pour faire honneur à son art et poussait même le sacrifice jusqu'à mettre momentanément de côté son carnet de poésies, dont il n'avait guère coutume de se séparer. Pendant ce temps, le cambusier dressait la table dans une des pièces de la cale, réunissait les bancs, mettait le couvert et s'efforçait d'obtenir un vrai repas de gala. En haut, les compagnons se hâtaient d'écrire ; depuis plusieurs jours, ceux qui restaient écrivaient sans relâche…

L'heure du repas venue, tous se mirent à table. Je pris place au milieu de mes camarades. Notre capitaine vint plus tard, il avait encore eu à faire sur le pont. Les convives étaient soucieux, bien que chacun s'efforçât de montrer un visage aimable. Malgré tout, à travers toutes les saillies qui s'entrecroisaient, même au milieu du rire, perçaient en sourdine la mélancolie et le regret de la séparation. Partants et restants étaient en proie à la même crainte. Que nous réservait l'avenir ? Certains estimaient qu'avec nos traîneaux lourdement chargés nous n'avancerions qu'à grand-peine sur le mauvais chemin de glace, d'autres, au contraire, étaient remplis d'espoirs et se faisaient forts de surmonter tous les obstacles. Puis on convint que tous nous accompagneraient jusqu'à la première halte de nuit et aideraient à tirer les traîneaux. Les amis voulaient faire encore une marche en commun ; chacun voulait encore une fois aider celui avec lequel il était le plus lié. On désigna ceux qui ouvriraient la voie et ceux qui suivraient, selon la force physique de chacun. C'est ainsi que nous devions être « pilotés » du port paisible du Santa Anna jusqu'à la « mer incertaine ».

Le gramophone fournit la musique de table. Ces derniers temps, nous avions surtout deux mélodies favorites : « allons à la rive » et « le cri de la blanche mouette ». Ces disques avaient servi cent fois pendant les fêtes de Pâques, chaque accord était familier à notre oreille et réveillait les souvenirs des premiers mois de notre voyage, alors que, pleins d'un fier espoir, nous contournions la côte norvégienne. Cette assurance nous avait longtemps animés, même quand la glace nous enserrait déjà. Notre poète de maître coq avait alors composé un long poème qui mettait nos espoirs en vers et fut souvent déclamé. J'ai oublié le texte et ne me rappelle que ces mots si sûrs du succès :

Ainsi le drapeau russe nous conduira
Le capitaine nous montrera le chemin
Le long de la côte sibérienne
Sur notre navire svelte et beau

Après cela, le lieutenant nous rejoignit et le repas d'adieu commença. Mlle Zhdanko distribua la soupe et nous força à y faire grand honneur. Mangeant d'ordinaire à midi précis, nous avions très faim, car il était déjà quatre heures. Tout avait réellement un bel air de fête avec les moyens les plus modestes. Nous assiérions-nous jamais de nouveau ensemble si paisiblement ? Et si cela arrivait en effet, serions-nous encore tous parmi les vivants ? Sans le dire, nous devions être tous sous l'impression de pensées semblables, car le repas fut assez silencieux, la joie ne fut pas invitée.

Nous semblions plutôt remplir un dernier devoir pénible !

En quittant la table, je remontai pour déterminer encore une fois la hauteur du soleil. Son disque plongeait dans une lueur rougeâtre, l'horizon était voilé de brouillard ; ces indices présageaient un changement de temps imminent. Je notai notre position sur ma carte et rapportai celle-ci à mon traîneau avec sextant et chronomètre. Outre le vêtement que je portais, je pris encore double linge de corps et laissai tout le reste aux camarades qui demeuraient. Il n'y eut qu'un petit objet que j'emportai encore : ce fut une icône de Saint Nicolas le Thaumaturge.

Ma cabine fut bientôt vide. Je jetai un regard d'adieu à la chambrette dénudée, puis je sortis sur la glace. Notre costume de voyage se composait pour chacun de hautes bottes en cuir ou en peau de phoque à tige de toile à voile, dont étaient faits aussi notre veste et notre pantalon, de chauds vêtements de dessous, casquette et oreillettes. Nous présentions un tableau singulier, tout équipés, avec nos cordelles en sautoir, le long bâton du skieur à la main. J'avais aligné mes compagnons face au sud. Les traîneaux portaient tout notre avoir, et par-dessus les rames, skis, fourrures, armes, tente, etc... Le poids était très lourd, trop pour nos patins si étroits qui s'enfonçaient profondément dans la neige.

Denisov avait mis à l'essai chacun des traîneaux et était peu satisfait du résultat. Mais toute hésitation était vaine maintenant. Je ne pouvais alors me résoudre à abandonner quoi que ce fût, n'ayant choisi après mûre réflexion que l'indispensable. En cas de besoin, nous jetterions du lest en route.

À l'heure du départ, tous étaient là, sans exception, pour nous escorter un bout de chemin. Le lieutenant lui-même était présent et se plaça derrière mon traîneau, pour m'aider à le faire avancer.

Tout le monde semblait attendre un signal. Alors j'ôtai mon béret et fis le signe de croix.

Chacun m'imita, puis l'on cria : hourra ! Tous répétèrent ce cri à l'unisson et aussitôt nos traîneaux se mirent en mouvement vers le sud.

La plus proche terre accessible, le cap Fligely, sur la Terre du Prince Rodolphe, était alors à 65 milles marins S.S.O. de nous. Mais nous ne devions pas le voir, car nous fûmes plus tard poussés irrésistiblement vers le nord.

Chapitre IV

Dans les champs de glace de la mer polaire

Nous allions vers le sud, franchissant d'étincelants tertres de neige et des surfaces lisses comme un miroir.

Nos traîneaux se balançaient comme des barques se balancent sur les vagues. Malgré le bon chemin du début et quoique chaque traîneau fût tiré par trois hommes, et même deux par quatre hommes, nous n'avancions pas vite. Au bout d'une demi-heure nous fîmes une courte halte et vîmes en nous retournant que nous étions encore bien près du Santa Anna.

À peine avions-nous gravi les premiers monticules que les patins d'un traîneau cassèrent. Nous réparâmes aussitôt le mal et étions de nouveau prêts à partir après trois quarts d'heure.

Broussilov fut très inquiet de cet accident. Il renvoya aussitôt deux hommes à bord, chercher deux racages du mât d'artimon, pour le cas où d'autres réparations de patins seraient nécessaires. Derrière une importante éminence qui cacha le navire à nos regards, deux personnes nous quittèrent : Mlle Zhdanko et le cuisinier Kalmikov. Le temps se gâta à vue d'œil ; au bout de deux heures un vent vif de S.S.O. se leva, amenant une violente tourmente de neige.

Nous dressâmes alors le camp pour la nuit. On mit au milieu la tente, qui fut calée pour ainsi dire par les kayaks placés autour. Notre podomètre nous révéla que nous n'avions parcouru que 5 kilomètres. Bientôt nous fûmes tous réunis dans la tente autour de notre poêle à huile de poisson, buvant du thé au lait. À la surprise générale, Broussilov distribua du chocolat, puis sortit même une bouteille de Champagne. Quoiqu'il n'y eût qu'une gorgée pour chacun — ce n'était pas la quantité qui importait mais le liquide mousseux — nous étions vers le 83° de latitude, nous souhaitant réciproquement un retour heureux, bien que séparés ! Puis nous causâmes encore quelques minutes du passé, du présent et de l'avenir, et prîmes un congé émouvant de nos compagnons si secourables, qui rentrèrent aussitôt à skis.

La tourmente redoubla de fureur, faisant craquer notre tente et toutes les jointures. Nous nous glissâmes dans nos sacs samoyèdes et tombâmes aussitôt dans un profond sommeil, car nous étions épuisés. Quand, après un long sommeil réconfortant, nous nous réveillâmes à dix heures, l'ouragan sévissait avec la même violence, de sorte que nous ne pouvions songer à repartir. Le vent avait chassé beaucoup de neige dans la tente et nos fourrures étaient recouvertes d'une couche blanche. C'était un mauvais début, qui nous déprima fort. Le thermomètre indiquait -22°C. Mais il fallait songer au ravitaillement et nous nous sommes levés pour préparer le repas. Nous eûmes énormément de peine à ouvrir la porte, et plus encore à atteindre les kayaks enfouis dans la neige. Nous finîmes par réussir à faire bouillir le thé, à réchauffer imparfaitement des conserves de viande australienne et à apaiser ainsi notre faim. Puis nous rentrâmes dans nos fourrures pour retrouver le sommeil, puisque l'horrible temps nous interdisait toute autre occupation, et, c'est ainsi que, bien malgré nous, se passa la journée.

Mais le lendemain n'amena aucune amélioration, de sorte que nous fûmes arrêtés trois jours pleins. Pendant tout ce temps, nous restions dans la tente, enveloppés dans nos fourrures, mangeant ou dormant. Mes compagnons aimaient dormir à deux : ils mettaient les jambes et le bas du corps dans un des sacs et passaient l'autre sac par-dessus leur tête. Cette méthode est recommandée pour emmagasiner et bien conserver la chaleur du corps, mais elle a l'inconvénient de troubler souvent le sommeil, chaque fois qu'un des deux dormeurs s'agite ou se retourne. Pour ce motif, j'ai toujours préféré dormir seul, et la suite prouva combien j'avais raison.

Les camarades de lit se prirent souvent de dispute, ce qui amena parfois de graves dissentiments. Généralement le trouble-fête ne savait même pas à quel point il avait dérangé son voisin et tenait ces reproches rétrospectifs pour tout à fait injustifiés. De vilaines injures s'entrecroisaient et dégénéraient quelquefois en voies de fait ; des bourrades accompagnaient les aménités, jusqu'à ce que les frères ennemis trouvassent d'eux-mêmes la meilleure solution en se tournant le dos et en s'efforçant de retrouver le sommeil. La querelle finissait ainsi dans la plupart des cas.

Qui préfère dormir seul doit compter avoir moins chaud. Je tâchais de me préserver du trop grand froid en fourrant mes jambes dans les manches de ma fourrure, tandis que ma veste chaude couvrait la tête et la poitrine.

Nous demeurâmes donc trois jours et trois nuits dans cette inaction. Il était impossible d'avancer et il fallait nous résigner à l'inévitable. Cela nous procura au moins une bonne occasion de nous habituer à la vie sous la tente, nous nous en trouvâmes bien physiquement. Les camarades essayèrent parfois d'animer la solitude par des chants et de dominer de leurs voix les hurlements de la tempête. Un seul parmi eux, le vieil Anisimov, qui déjà à bord se plaignait de douleurs aux reins et aux jambes, devenait à vue d'œil plus apathique et je dus me décider à le renvoyer, seul moyen de le sauver, car nous n'aurions pu le soigner et il n'était déjà plus en état de tirer un traîneau.

Le soir du 13, le vent se calmant un peu, nous fûmes réveillés par des coups et des appels devant la tente, et quand nous ouvrîmes, trois messagers du Santa Anna étaient là, nous saluant cordialement. Dès la veille ils avaient résolu de nous visiter dans notre captivité imprévue, mais la tempête les en avait empêché. Aujourd'hui ils avaient réussi à passer et nous apportaient une soupe chaude que nous engloutîmes avec fringale. Ils nous dirent que le navire était enneigé jusqu'à la lisse d'appui. Ils apportèrent des pelles qu'ils nous laissèrent. Nous nous mîmes aussitôt à dégager les kayaks couverts de neige. Nos fidèles amis repartirent le soir même avec le malade, mais le lendemain, l'un d'eux, Regald, revint avec ses bagages, pour prendre la place d'Anisimov.

Vers midi, je calculai la hauteur du soleil et fus très surpris de trouver une latitude de 83°17'. Je doutais déjà de l'exactitude de mon calcul, quand Regald me donna une lettre du lieutenant, qui m'annonçait avoir établi le matin même une latitude de 83°18'. Le doute n'était donc plus possible : pendant ces quatre jours, la tempête nous avait repoussés vers le nord d'environ 36 kilomètres, alors que notre première marche ne nous avait, malgré tous nos efforts, rapprochés de notre but que de 5 kilomètres ! Cette constatation m'enleva aussitôt presque tout espoir. Mais la pensée que l'été allait venir et que les vents du nord prédominaient pendant une partie de cette saison me redonna du courage et me décida à nouveau à courir le risque. Nous nous apprêtâmes donc, pliâmes la tente et nous mîmes en marche. Alors survint un nouvel incident inquiétant. À peine avions-nous avancé nos traîneaux de quelques mètres, que nous fûmes tous pris de vertige et devînmes si faibles que nous dûmes nous coucher.

Les trois jours de sommeil nous avaient-ils fait plus de mal que de bien, ou étions-nous déjà si usés par le dernier hivernage si rude que nos forces étaient à bout ? Je regardai mes compagnons l'un après l'autre. Ils avaient tous un teint blême et jaunâtre qui ressortait maintenant au soleil avec une netteté effrayante et qui ne nous avait pas frappés dans la pénombre hivernale, surtout à la lueur des « fumeuses ».

Après quelque temps, nous nous remîmes et eûmes honte de notre faiblesse. Nous ne prîmes d'abord que trois kayaks, que nous menâmes 3 kilomètres vers le sud puis nous retournâmes chercher les autres. Le Santa Anna se détachait distinctement des champs de glace, le temps était beau et le soleil semblait déjà chaud. Cette impression nous rendit le courage et la volonté inflexibles de vaincre tous les obstacles et d'atteindre, à toute force, quelque lentement que ce fût, le but fixé.

Ce jour-là, nous parcourûmes environ 6 kilomètres et campâmes en un lieu abrité par de hauts glaçons. Il en fut de même le jour suivant. Nous fîmes ainsi trois étapes. Le chemin était semé d'obstacles et si obstrué de blocs de glace tassés de manière à former de véritables crêtes, qu'il n'y avait pas moyen d'aller plus vite. Pour comble de malheur, il devenait toujours plus évident que les patins de nos traîneaux étaient trop étroits et trop rapprochés. Ils entraient beaucoup trop dans la neige et nous perdions notre temps et nos forces à les en tirer. Nous ne fîmes qu'une journée de 4 kilomètres. Les deux messagers qui étaient déjà venus, Denisov et Melbard, nous rejoignirent encore une fois avec un dévouement inlassable, pour nous apporter de la soupe chaude. Ils raillèrent un peu notre lenteur et parlèrent d'une « poste d'escargots ». Le premier surtout, sang-

sur pied et tirions alors les trois premiers traîneaux, dont l'un portait notre tente, pendant 2 à 3 kilomètres, jusqu'à un emplacement propre à l'établissement de la tente. Nous choisissions pour cela un amas de glace aussi élevé que possible, d'où nous dominions aisément tout l'horizon. Deux hommes gardaient la tente, les autres rebroussaient chemin pour ramener les derniers kayaks. Nous recouvrions le sol de la tente de couvertures et de manteaux ainsi que de la toile à voile destinée à la protection des kayaks. Ces derniers, nous l'avons dit, étaient placés en cercle autour de la tente avec les traîneaux, que nous attachions par des cordes aux pointes des piquets de la tente. Vers sept heures, celle-ci nous abritait tous, les jambes enfouies dans nos sacs fourrés, attendant le moment où l'eau serait assez chaude dans notre fourneau improvisé pour préparer notre thé du soir. Pour ménager la graisse, nous ne laissions pas bouillir l'eau, contents d'avoir au moins une boisson chaude. Puis nous fermions hermétiquement l'entrée de la tente remplie déjà de fumée et de vapeur. Le repas du soir se composait de thé, de biscuit et de viande de conserve et nous faisait oublier froid et fatigue. Lorsque notre provision de conserves australiennes toucha à sa fin, nous recourûmes au « bouillon desséché », de Skorikov, qu'on apprête avec des grains de viande comprimée. Nous donnions un peu plus de goût à ce bouillon en y joignant un légume sec. Ces heures du soir sous la tente étaient de beaucoup les plus agréables de la journée et ranimaient régulièrement nos esprits, quoique notre conversation ramenât toujours les mêmes questions brûlantes : quand découvrirons-nous une terre ? Réussirons-nous, de là, à atteindre le cap Flora ? Que nous arrivera-t-il ensuite et nous sera-t-il réservé de revoir la patrie ?

Nous ôtions nos bottes ou pimys imprégnées d'eau de neige, les suspendions à l'air aux bâtons de ski et, le matin, nous les trouvions d'ordinaire séchées par le vent. C'est aussi dans la soirée que je rédigeais mon journal et calculais les observations astronomiques faites pendant la journée. Par contre quand nous n'avions pas de combustible, le séjour dans la tente était presque insupportable. Ces « soirées froides » restaient silencieuses. Nous demeurions assis, ensemble, sombres et renfermés, recroquevillés dans nos coins et enfouis dans nos fourrures. Pas de thé réchauffant : biscuit sec et glaçons qui fondaient dans notre bouche, étaient notre maigre souper. Le biscuit s'accompagnait d'une cuillerée de beurre, qui était toutefois si gelé qu'il ne pouvait remplacer un aliment chaud. La glace non plus n'était pas recommandable comme succédané du thé, puisqu'elle ne réussissait pas à calmer notre soif dévorante. Quelques-uns d'entre nous purent plus tard s'habituer à l'eau de mer et, y trempant leur biscuit, en faire une bouillie assaisonnée d'oignon sec. Là encore l'impitoyable détresse sut nous dresser : qui supporta l'eau salée ne la trouva bientôt plus amère. Mais pour cuire les soupes, nous avons généralement employé l'eau de mer allongée d'un peu de glace.

Pendant le premier tiers de notre odyssée, nous eûmes beaucoup de ces « soirées froides », parce qu'alors nous rencontrions rarement des filets d'eau dans la glace, par conséquent ni morses ni ours. Ce qu'il y avait de plus désagréable incontestablement, c'était le lever du matin. Il nous fallait quitter les chaudes fourrures et affronter le froid cruel sans pouvoir absorber une boisson chaude. Le déjeuner ne se composait que de biscuit dur. Nous restions dans nos fourrures, démontions la tente et emballions nos affaires.

Mais il fallait déposer les fourrures et le dur travail de traînage commençait. Par ciel sombre, gelée et tourmente de neige, notre esprit était aussi gelé que le milieu. Il nous semblait alors que jamais notre chemin ne nous mènerait dans des contrées plus hospitalières, que l'horrible tempête ne ferait jamais place à une température plus douce. Nous ne pouvions plus espérer voir couler des ruisselets, si nécessaires à notre vie et que nous attendions toujours avec impatience.

Vers le onzième jour, comme nous avions fait environ 45 kilomètres, trois matelots vinrent se déclarer incapables de continuer et demander la permission de regagner le bateau, sans quoi ils resteraient en route et périraient misérablement. J'avais l'impression que, justement, ces trois étaient parmi les moins faibles mais ils avaient cru sans doute apercevoir la terre déjà au bout de cinq ou six étapes et être sauvés dix jours après au plus tard. Se voyant déçus, ils voulaient retourner au navire, où ils ne souffriraient ni de froid ni de faim. Comme tous m'avaient suivi de leur plein gré, et que je ne considérais nullement notre situation comme particulièrement enviable, je ne pensais pas avoir le choix de refuser leur demande.

Perdant courage si vite, ils ne pouvaient m'être d'un grand secours. Comme, d'autre part, le temps avait été passable les derniers jours, sans bourrasque de neige, j'étais convaincu qu'en suivant nos traces, ces trois hommes retrouveraient aisément le chemin du retour. Je les laissai donc partir. Ils refusèrent d'emporter le lourd traîneau et un kayak. Ils s'en allèrent à ski, chaudement vêtus, avec au dos de grands sacs à courroies bourrés de biscuit et un fusil avec ses munitions. J'estimais qu'ils pouvaient atteindre le navire dès le lendemain. Cependant je m'attardai vingt-quatre heures dans notre dernier campement, bien connu d'eux, pour qu'ils puissent nous rejoindre en cas de besoin. Dans ce loisir involontaire, nous réduisîmes en bois de chauffage traîneaux et kayaks devenus inutiles. J'avais donné aux trois « lâcheurs » une lettre pour le lieutenant lui relatant notre voyage jusque-là.

Mon escorte ne se composait donc plus que de dix hommes*. Nous avions encore cinq traîneaux et autant de kayaks. Pour le reste, tout

**Restent avec Albanov : Petr Maximov, Yan Regald, Prokhor Baiev, Alexandre Archireiev, Olger Nielsen, Pavel Smirennikov, Vladimir Goubanov, Alexandre Konrad, Avgueny Shpakovsky, Ivan Lounaiev.*

continua comme avant. Le terrain était rarement assez favorable pour nous laisser emmener tous les traîneaux à la fois. D'ordinaire il nous fallait deux étapes, parfois trois. Quand le vent le permettait, nous mettions les voiles aux traîneaux, ce qui facilitait sensiblement notre labeur.

Le printemps se fait sentir même dans ces latitudes. Il était tout près. Les rayons du soleil de midi chauffaient, mais ne dégelaient pas encore. La neige présentait une croûte mince, terne et lisse qui réfléchissait fortement la lumière.

Fin avril, nous souffrîmes tous d'ophtalmie ce qui affecta extrêmement notre vue. Nous ne possédions pas de lunettes de neige utilisables. Notre mécanicien en avait fabriqué avec du verre de bouteille, mais elles ne remplissaient leur rôle que très imparfaitement. Nous trébuchions sur le terrain raboteux. Le danger d'être aveuglé par la neige subsistait. Il fallait donc que ceux d'entre nous qui voyaient encore un peu précédassent les autres en éclaireurs. Mais certains jours, nous étions tous frappés de cécité. Alors notre seule ressource était d'arrêter la marche et de nous enfermer dans la tente. La maladie faisait sentir ses effets même par temps sombre. La force visuelle affectée, toute la contrée semblait plongée dans le brouillard.

Une des scènes de cette époque demeure gravée dans mon souvenir en traits ineffaçables. Devant nous s'étendait un champ de glace à perte de vue. Comme je ne distinguais rien nettement, mon compagnon me disait que des blocs de glace superposés par couches s'élevaient dans le lointain. Si nous gravissions un de ces blocs, pensai-je alors, nous pourrions peut-être découvrir une terre ou du moins une colline… Nos cinq kayaks ressemblaient à un long ruban. Le mien était tiré par trois hommes, les autres, par deux. Le temps était calme et chaud. Pas de vent, pas le moindre nuage au ciel. Le soleil était éclatant. J'avais fermé les yeux par intervalles pour vérifier notre direction. Mes deux compagnons et moi, formant la pointe de la caravane, avancions courageusement au pas, tirions vivement à la cordelle, appuyant une main sur le kayak. La main droite maniait le bâton de ski, qui, en mouvement, décrit sans cesse les mêmes lignes avec une exactitude minutieuse. Il se balance en avant en un demi-cercle, s'incline ensuite lentement en arrière pour être aussitôt ramené en avant : la même manœuvre sans fin.

C'est comme si ce bâton, qui à chaque contact avec la neige produit un grincement perceptible, voulait mesurer la distance parcourue. Cette mélodie monotone accompagne les voyageurs dans le désert glacé. Ils finissent par croire entendre distinctement le texte de cette mélodie : « c'est encore loin, très loin ! », jusqu'à ce que toute pensée cesse et que seul subsiste le mouvement machinal. On marche comme en rêve, on met une jambe devant l'autre et on appuie fortement la poitrine contre la courroie…

Le soleil darde maintenant des flammes. C'est comme un brûlant été méridional… Je vois un port : les gens s'y promènent à l'ombre des hauts murs du quai. Les portes de magasins sont largement ouvertes. Les fruits asiatiques embaument l'air de parfums aromatiques. Pêches, oranges, abricots, raisins secs, girofles, poivre, etc., répandent des senteurs délicieuses… L'asphalte des rues fume sous le jet rafraîchissant des voitures arroseuses. J'entends les sons stridents, gutturaux des marchands persans qui offrent leurs denrées… Vie splendide. Tout séduit, déferle et bouillonne, et du haut du firmament, le soleil inonde de ses rayons le port et son activité affairée…

Mais soudain le pied trébuche sur le bâton de ski. Vite on cherche un appui sur le kayak, on écarquille les yeux et on demeure ébloui par le soleil. L'image gracieuse s'envole au loin, pâlit et disparaît, mirage né de désir ardent.

« Qu'est-il arrivé ? » demandent mes compagnons. Je réponds : « Rien, j'ai trébuché sur le bâton. » Et de nouveau la campagne glacée se déroule devant moi à des distances infinies et le soleil, qui, tout à l'heure, faisait mes délices, ne fait plus que m'aveugler et me torturer.

Cependant l'hallucination n'est pas entièrement dissipée. Mes nerfs olfactifs sont encore imprégnés des senteurs aromatiques des fruits du Midi. Mon entourage ne se doute pas de mon état. Que signifie cela ? Suis-je malade ? Mes yeux sont de nouveau hermétiquement clos. Je suis, en automate, les mouvements de marche rythmés, le bâton à la main droite et mon oreille perçoit de nouveau la mélodie monotone : « c'est encore loin, très loin !... »

Mais ce que je viens d'éprouver continue de résonner dans mon âme. Car, chose étrange, jamais je n'ai aimé ces fruits délicieux. Ils n'ont jamais tenté mon palais. Mais en rentrant je gagnerai aussitôt le sud et m'engagerai quelque part sur la mer Caspienne pour me régaler d'abricots, d'oranges, de raisins et rattraper ce que j'ai négligé… Ah ! pourquoi suis-je venu dans cette solitude gelée au bord de la froide mer, alors qu'il fait si beau dans le Midi ensoleillé ? Que c'est fou ! Mais à quoi bon se plaindre ? Il n'y a qu'un but, courir de toutes ses forces vers la vie attirante et échapper aux griffes de la mort ! Tandis que je rêve du sud ensoleillé, je ne suis pas même encore sorti du nord ! Sur la glace inconsistance, je tends vers les régions où la mélodie de la vie bourdonnante expire en accords lassés. Que je serais heureux de sentir seulement de nouveau sous mes pieds un sol solide !

Pendant ce temps, nous avions atteint les blocs aperçus de loin depuis des heures. Il fallait chercher à continuer notre chemin entre eux.

Il fut bientôt temps de dresser le camp pour lequel s'offrait ici un endroit abrité. Notre longue marche éreintante ne nous avait même pas avancés de 6 kilomètres. Nous passâmes en revue les objets à la rigueur superflus et pouvant servir à nous chauffer. Ce jour-là il n'y eut pas de thé, mais seulement de l'eau chaude pour notre souper qui se composait pour chacun d'une livre de biscuits et d'une cuillerée à soupe de beurre gelé. Et bientôt nous nous glissions dans nos fourrures, pour chasser fatigue et abattement d'un sommeil réparateur. Le lendemain, je me réveillai très dispos. J'avais eu un rêve réjouissant. Je le racontai aussitôt à mes camarades, qui y attachèrent une grande importance. En effet, ils tenaient à leur destinée par le lien le plus ténu !

Je nous voyais tous nettement traverser avec nos traîneaux un champ de glace interminable. Au loin j'apercevais une foule de gens qui regardaient avec une attention extrême et discutaient vivement. Ils attendaient quelque événement, mais sans s'occuper de nous, et nous ne semblions pas plus nous intéresser à eux. En nous approchant, nous demandions s'ils attendaient quelqu'un ou quelque chose. Et l'un d'eux, désignant un vieillard maigre aux cheveux blancs surgissant justement de derrière un immense glaçon, dit : « C'est un devin. »

Alors ne voulant pas négliger cet heureux hasard, j'abordai le vieillard en le priant de me révéler notre sort et s'il nous serait accordé d'atteindre la terre du salut. Je tenais en même temps mes mains ouvertes vers le ciel, comme on a coutume de le faire devant une sibylle. Le vieux regarda à peine mes mains, puis, indiquant le sud de sa main droite : « Tu arriveras à ton but, dit-il, la flaque d'eau n'est plus loin, mais là… », et sa phrase fut interrompue par mon réveil…

Ce récit dissipa aussitôt notre découragement de la veille et tous se sentirent de nouveau enflammés de courage et d'enthousiasme pour notre cause. Je n'échappai pas moi-même à l'effet bienfaisant de mon rêve. Je ne doutais pas un instant que saint Nicolas m'était apparu, pour me révéler l'issue de notre entreprise. Certes, j'étais malade alors, l'hallucination de la veille le prouve, mais ce rêve ne m'est plus jamais sorti de la mémoire. Il y était bien vivant, lorsqu'après une peine infinie nous parvînmes enfin sains et saufs au cap Flora. Mes compagnons de route aussi avaient puisé dans ce rêve des forces nouvelles, et leur assurance grandit encore quand le soir du même jour, nous croisâmes un grand trou d'eau, au bord duquel nous prîmes quelques morses, qui nous fournirent de la chair fraîche et de la graisse. Nous pûmes nous rassasier au moins une fois, nous reposer et nous étions contents. L'état désastreux du terrain à parcourir nous déprima encore bien souvent, mais les esprits vitaux se ranimaient tout aussi vite et reprenaient une énergie nouvelle quand un bonheur inattendu nous surprenait...

L'étendue d'eau libre devant nous était très vaste, sa limite méridionale se perdait à l'horizon. Depuis quelques jours soufflait le vent du nord, qui poussait les petits glaçons vers le sud et rendait la voie impraticable à nos kayaks, qui ne pouvaient avancer dans cette impénétrable bouillie glacée. Il nous fallut donc faire un détour. Vers l'est notre lac s'étendait à de nombreux milles marins. Nous avions fait 10 kilomètres sans découvrir la fin de l'eau, couverte par une épaisse couche de vapeur. Il y avait beaucoup de « ciel d'eau » à l'est. Vers l'ouest, la nappe d'eau se rétrécissait, mais restait encore illimitée après 5 kilomètres de marche. Des baleines blanches et d'autres squales y nageaient. Des phoques se montraient aussi, mais de très loin et pour les attirer nous nous mettions à siffler, comme le font les Tchouktches. Notre chant de sirène réussit. Les animaux s'approchèrent au point que nous pûmes en abattre quatre ou cinq. À notre grande joie, cette heureuse chasse vint enrichir nos maigres réserves de chair et de lard et nous pûmes compter sur plusieurs jours de nourriture abondante et fortifiante.

Cuite ou rôtie, la chair du phoque est foncée et molle, de goût agréable, rappelant celui de la venaison, du moins pour les bêtes que nous tuâmes au nord de la Terre François-Joseph. La chair de celles que je mangeais dans la mer de Kara sentait souvent l'huile de poisson même après avoir longtemps mariné dans le vinaigre. La chair de l'ours polaire est incontestablement meilleure, bien qu'elle aussi prenne ce goût huileux, dès qu'on la conserve quelque temps à l'état cuit. La différence de goût dépend assurément et de la région d'où provient l'animal et de sa nourriture. La chair de phoque est partout mangeable, le foie passe même pour un mets délicat et recherché. La cervelle de phoque rôtie dans du lard n'est pas moins bonne. Bien rôties les nageoires rappellent les pieds-de-veau. Dans l'estomac des phoques que nous abattîmes au nord de la Terre François-Joseph, nous trouvâmes presque toujours des restes d'écrevisses, jamais de poissons. Mais qui mange trop de lard de phoque, comme firent mes camarades, souffre bientôt de diarrhée.

Nous restâmes auprès de cette eau deux jours pleins, pendant lesquels le bord ouest se recouvrit d'une couche de glace mince mais capable de porter nos traîneaux. Nous pouvions donc tenter de gagner l'autre rive.

Calcul de la position à l'aide du sextant.

Sur la banquise, entre les blocs de glace. Dessin d'Albanov.

réponse, nous nous hâtâmes de rentrer pour recourir à d'autres mesures de sauvetage. Au camp, je fis dresser à l'aide de vergues et de bâtons de ski, un mât d'environ 10 mètres avec deux signaux visibles au loin. Si Baiev errait non loin du camp, il ne manquerait pas de voir les signaux et de trouver sans peine le chemin jusqu'à nous. D'ailleurs le temps s'améliorait d'heure en heure. Baiev n'étant pas revenu au bout de la soirée, notre inquiétude ne cessa de grandir. La nuit se passa sans calmer nos angoisses. Dès l'aube, nous recommençâmes à explorer le terrain, en vain. Nous nous attardâmes trois jours à cet endroit, espérant toujours le voir reparaître. Il était évidemment tombé dans une crevasse pour succomber, dans l'eau froide, à un coup d'apoplexie, lui qui ne cessait de se plaindre du cœur.

Nous avions tout fait pour le sauver. Il ne me restait qu'à songer au départ pour ne pas compromettre par imprudence la vie des survivants. Ce triste événement était déjà par lui-même peu apte à exciter leur énergie. Ils déploraient sincèrement la perte de celui qui était parti seul dans une noble intention et avait trouvé la mort.

Pour la suite de mon récit, je m'en tiens aux notes de mon journal :

14 mai — nous reprenons notre marche pour ne parcourir que 4 kilomètres en six heures. Ce jour est remarquable pour nous car désormais 100 kilomètres nous séparent du Santa Anna. C'est avec des sentiments mêlés que nous constatons que malgré tous nos efforts, nous avons enregistré une avance moyenne de 3,3 kilomètres par jour ! Nous organisons néanmoins une petite fête : notre repas se compose d'une soupe aux cerises et aux myrtilles séchées, relevée par un peu de lait condensé, puis de biscuit de seigle. Le vent souffle du N.O. et l'air fraîchit sensiblement. Vers le sud on aperçoit un vaste ciel d'eau.

15 mai — Faute de combustible, il nous faut encore nous contenter de cuisine froide. Cette situation précaire m'embarrasse énormément, car j'en porte toute la responsabilité. Il est singulier que cela inquiète si peu mes compagnons. Toute réflexion sérieuse, toute volonté ferme, tout esprit d'entreprise leur manquent. Ils ne s'intéressent à notre tâche que dans la mesure où chacun désire se rapatrier : une situation grave et critique leur enlève toutes leurs forces. Le souci de leur avenir

m'est parfois un poids immense, et ils s'en doutent à peine !

Nous n'avons fait aujourd'hui que 2 kilomètres : temps froid et brumeux.

16 mai — Encore une profonde émotion ! Hier trois des nôtres ont failli se noyer. Par bonheur les autres ont réussi à leur porter secours à temps. Mais nous eûmes tout de même une perte grave. Notre fusil à double canon et notre « cuisine » furent engloutis par les flots. Par suite, encore alimentation froide ! Nous sommes arrivés à l'extrémité du lac et nous devons continuer notre marche sans retard. Toute la contrée est dans le brouillard. Il y a peu de temps nous voyions encore beaucoup de ciel d'eau de tous les côtés.

17 mai — Hier nos kayaks ne voulaient guère avancer, l'eau étant parsemée de débris de glace, ce qui avait compliqué singulièrement notre traversée. Aujourd'hui, nous fûmes plus favorisés. Nous pûmes naviguer environ 10 kilomètres vers le S.S.O.. Nos kayaks furent de bon usage, tous nos bagages trouvèrent place au fond et nous fûmes commodément assis dessus. Bien qu'ils ne soient pas tout à fait étanches, ils nous menaient rapidement et sûrement partout où nous trouvions une

voie d'eau propice. J'avais devancé les autres avec le matelot Nilsen. Quand nous eûmes atteint le bord, je gravis un gros glaçon pour scruter l'horizon. Je n'aperçus que deux de nos kayaks, les deux autres restèrent invisibles. Deux heures se passèrent, les barques n'arrivaient pas

Qu'était-il survenu ? Enfin deux kayaks approchèrent et nous apprîmes la cause du retard. Notre cambusier (steward) Regald, seul dans son bateau, n'avait pu résister à l'envie de grimper sur un glaçon. Quand il voulut regagner sa barque, le bord du glaçon se rompit et Regald prit un bain froid involontaire. Il réussit à remonter sur le glaçon. Le vent ayant poussé son kayak plus loin, seule l'autre embarcation put le tirer d'affaire et rattraper la barque en dérive. Trempé de part en part, Regald était en grand danger et nous dûmes aussitôt dresser la tente et allumer au plus vite un peu de feu, qui nous permit en même temps de faire cuire un plat de pois sur notre foyer « ersatz ».

Cet arrêt si inutile m'irrita fort. Mes gens sont comme des enfants. Nos nombreuses contrariétés ne leur suffisent pas, il faut qu'ils en provoquent

voyons que leurs traces, ils se cachent sans doute dans des réduits inaccessibles. Des mouettes blanches volent souvent par-dessus nos têtes, par couples, ou même par trois. En revanche, les plongeurs, genre canard, qu'ailleurs nous apercevions souvent, ont tout à coup disparu. Toutes ces impressions sont peu faites pour améliorer ma confiance dans la suite des événements. Dans ces zones, on doit être prêt à des surprises journalières, qui renversent tous les plans les mieux mûris. D'autre part, les vents N. et N.E. peuvent nous pousser sensiblement vers le sud et le sud-ouest. Nous venons de rencontrer un lac qui, s'il se prolonge vers le sud, nous fera avancer plus vite et nous offrira la possibilité d'abattre de nouveau un ours.

Chacun de nos kayaks est maintenant chargé de 96 kilos exactement, poids que deux hommes peuvent mouvoir en toutes circonstances. Nos éclaireurs viennent de rapporter la nouvelle qu'on peut contourner le lac. Le S.E. souffle à la force de 4 Beaufort.

20 mai — Même vent. Temps sombre, ciel légèrement nuageux. Nous partîmes avec tous les traîneaux à la fois, mais le chemin devint bientôt si

mauvais que nous dûmes de nouveau les faire avancer par échelons. Vers le soir, les difficultés augmentèrent encore, nous ne progressions qu'avec une peine infinie. Il y avait devant nous une grande polynie*, dont nous séparaient toutefois de nombreuses petites flaques et crevasses. Nous pouvions maintenant déjà constater nettement que les différents champs de glace sont soumis à un mouvement constant et que de nouvelles couches s'y déposent sans cesse.

Nous plantâmes la tente pour nous reposer. Shpakovsy sortit avec quelques camarades à la recherche d'un chemin praticable pour le lendemain et y réussit.

L'état de Lounaiev devient toujours plus inquiétant ; il se plaint de douleurs dans les jambes et est de plus, aveuglé par la neige. Je crains qu'il ne nous faille bientôt le coucher sur un traîneau. Notre ardent espoir est de trouver la terre du salut, si longtemps cherchée, où nous serons délivrés de la terreur de dériver vers le nord.

21 mai — Nous avons réussi à contourner l'eau dangereuse, mais au prix de combien de

* *Polynie : une étendue d'eau libre dans la banquise.*

sueur ! Nous dûmes nous mettre à six ou sept pour passer les traîneaux, l'un après l'autre, par-dessus glaçons, crevasses et trous, et avec cela frayer notre route à coups de hache et de harpon. Ce n'était pas le bon terrain uni et peu enneigé qu'il nous eût tant fallu pour mener nos traîneaux avec deux hommes seulement. Arrêtés à chaque pas par des canaux et des fentes, nous n'avons fait ce jour que six kilomètres. Beaucoup de ciel d'eau à l'horizon.

Devant nous, quantité de flaques inaccessibles aux kayaks comme aux traîneaux. L'aspect de la région a bien changé. Plus trace des épais champs de glace. Partout où se porte l'œil, glace fraîche et mince de quelques pouces jusqu'à 3/4 de pied, aux fragments bleutés. Aujourd'hui, elle est même mêlée de sable et d'argile.

Sortant avec Lounaiev, je vis qu'il crachait du sang. J'examinai aussitôt sa bouche et trouvai que ses gencives présentaient les signes caractéristiques du scorbut.

Maintenant j'ai au moins une idée claire de son mal, pour lequel il n'y a qu'un remède : beaucoup de mouvements ! Mais j'ai pu aussi lui faire prendre un peu de quinine. La guérison dépend de sa force de résistance physique et même de sa volonté de vivre.

Mes instruments sont en bien mauvais état. La grande boussole est cassée et tout à fait inutilisable. Je l'ai jetée. La petite ne vaut guère mieux. Le verre en est brisé et le liquide s'écoule peu à peu. La petite pierre de l'aimant est brisée par les coups répétés, ce qui rend l'aiguille peu mobile. J'en suis donc réduit presque exclusivement au soleil, à ma montre et à la minuscule boussole adaptée à mes jumelles. Mais ces petites contrariétés seraient toutes supportables, si nous nous approchions enfin de notre but et apercevions une terre Sésame, ouvre-toi !

Vers le soir, le vent tourna au N.E. Dieu soit loué !

22 mai — Le vent souffle aujourd'hui de l'E.N.E. c'est très grave, puisqu'il peut nous pousser vers l'ouest. Il fait aussi plus froid. Le terrain est bon en général. Nous n'avons que rarement à franchir des glaces minces et friables, dont le fond a parfois une coloration brune, que nous expliquions à tort par des restes de sable ou d'argile. En y regardant de plus près, il se trouva que c'était des algues, ce qui nous amena à conclure que cette glace avait séjourné récemment

près d'une côte. Plus tard, cette coloration devint encore plus fréquente.

Le brouillard tomba enfin et le soleil parut, mais, je ne réussis pas à prendre la hauteur méridienne. Je pus seulement constater que nous étions sous le 82°38' de latitude N. À minuit, je pris une hauteur du soleil et obtins une latitude N. de 82°29', mesure qui me semble plus exacte. Sans horizon artificiel et avec le ciel couvert, je dus me contenter de ces observations incomplètes. Le vent tourna de nouveau au N.E. et nous fit tendre nos voiles. Quel intéressant tableau présentait notre flotte faisant voile ! Mais je ne puis dire comme Nansen que nous « volions comme des plumes ». Nous rampions plutôt, mais les voiles nous ont pourtant aidés un peu à traîner nos charges. Nous avions plus d'aisance. Nous fûmes en route tout le jour, sans voir la moindre trace de phoques. Nous observâmes seulement une variété de mouettes qui nous était inconnue.

Le scorbut se déclarant aussi chez Goubanov, je résolus d'employer sans cesse les deux malades à des reconnaissances pour les maintenir en haleine. Je me rendis compte que ce mal avait déjà sévi sur le Santa Anna et que le lieutenant en avait sans doute subi l'atteinte la plus grave.

Mais les scorbutiques ont besoin non seulement de mouvement, mais aussi de bonne nourriture, ce qui me causa bien du souci, car notre poudre de viande touchait à sa fin et notre provision de lait condensé et de chocolat était maigre aussi. Et c'est précisément cet aliment compact qui aurait convenu le mieux pour nos repas que notre hâte ne nous laissait pas toujours préparer à loisir.

23 mai — Le matin, le temps est très beau et clair. Les hommes envoyés en exploration nous promettaient un bon chemin et avaient raison, car nous parcourûmes 8 kilomètres pleins entre dix heures du matin et six heures et demie du soir. Le N.E. soufflait avec persistance, à notre grand avantage, parce que sa forte pression rétrécissait toutes les crevasses et petites flaques, de sorte que nos traîneaux avancèrent aisément. Vers midi je pris la hauteur du soleil et trouvai 82°31' de latitude N. L'horizon était limpide vers le sud : nul ciel d'eau. J'eus l'impression que la glace cessait de suivre le vent vers le sud, probablement arrêté par une résistance, qui, à mon avis, ne pouvait provenir

que d'une terre ; mais cet avis restait à l'état de supposition, puisque la meilleure volonté ne me laissait découvrir la moindre terre ! Toute vie était éteinte alentour. Nous n'avions vu que des traces d'ours, mais nulle part de phoques.

Nos approvisionnements ont fondu de façon inquiétante. Nous n'avons plus que 6 livres de poudre de viande, trois boîtes de lait condensé et environ 2 livres de pommes séchées. Le dernier chocolat a été distribué aujourd'hui. Il ne reste que du biscuit comme aliment principal.

Le vent du N. s'est élevé vers le soir, la glace semble bouger. Nous sommes fourvoyés à une très mauvaise place. La neige molle et beaucoup de flaques nous ont donné fort à faire. J'essayai avec Nilsen d'égaliser la voie pour ceux qui nous suivaient. Ce fut un dur travail qui nous a épuisés. Il me faut introduire un changement : désormais trois hommes tireront les premiers traîneaux et les autres suivront aussitôt. Ils avanceront plus vite dans les traces des premiers et auront moins à traîner.

Confrontation avec un ours polaire.

Chapitre VI

La dérive prend une direction méridionale

Le 1er juin est le jour de ma fête. Quel précieux don de la Providence si ce jour-là nous atteignions le 82° de latitude !...

24 mai — Par calme plat, un épais brouillard survint de nuit. Auparavant j'avais observé de tous côtés beaucoup de ciel d'eau, tandis qu'un très brillant nuage planait sur l'horizon sud et sud-sud-est. Ce nuage présentait un centre concave et ses extrémités se confondaient avec l'horizon. Il ressortait nettement. Mais après l'avoir regardé attentivement à la longue-vue, je perdis tout espoir d'y reconnaître une terre lointaine. Et c'était peut-être pourtant la réverbération d'un glacier recouvrant quelque terre !

Hier soir seulement j'ai décidé d'accélérer notre allure, et déjà je dois constater que la meilleure intention ne peut toujours se changer aussitôt en acte libérateur !

Le terrain s'est tellement altéré qu'il faut des efforts inouïs pour pousser les traîneaux à travers la neige, qui, de plus, est baignée d'eau en dessous. Et avec cela d'odieuses flaques coupent sans cesse notre route déjà si pitoyable ! Ces inconvénients nous obligent à de grands détours qui ne nous empêchent pourtant pas d'enfoncer toujours de nouveau dans la glace. Les kayaks sont inutilisables à cause des dangereux glaçons qui remplissent les flaques. Malgré des efforts indescriptibles nous avons à peine avancé de 4 kilomètres vers le sud. Nous avons dû faire halte au bord d'une flaque particulièrement mauvaise et dresser le camp. Le matin nous avions eu le vent du N.O., mais il tourna au N.E. l'après-midi et l'horizon était tout sombre. Nous essayâmes de toucher le fond, mais notre sonde était trop courte. Cet essai infructueux nous permit toutefois de constater sans aucun doute que nous dérivions vers le sud, car la sonde penchait fortement vers le nord. Nous réussîmes aussi à tirer quelques mergules et un phoque, mais la déesse de la chasse nous en voulait évidemment car ce butin nous échappa et nous fûmes bredouilles.

Demain le monde civilisé fêtera la Pentecôte. Comme ce sera beau dans le sud, pendant que nous languissons ici misérablement en dérive sous le 82°30' de latitude N.

Dimanche 25 mai — Ce jour de fête fut plein de joie. D'abord nous nous heurtâmes à des flaques d'ordinaire si difficiles à franchir, et pourtant nous fîmes 3 kilomètres vers le sud. Un des hommes m'accompagna en kayak. Aussitôt après la grande flaque je débarquai, pris la hauteur de midi et trouvai 82°21'. Je n'en croyais pas mes yeux et soupçonnais une erreur. Mais un deuxième calcul confirma mon premier résultat. Je ne m'étais donc pas trompé. Ce fut une grande surprise, une vraie joie de Pentecôte. Et ce ne devait pas être la seule, car bientôt les gens du dernier kayak vinrent m'annoncer qu'ils avaient abattu un ours !

Cette seconde bonne nouvelle causa une allégresse générale. C'est à bord du Santa Anna, vers septembre de l'année passée que nous avions mangé du rôti d'ours pour la dernière fois et aujourd'hui nous devions reprendre place autour d'une table bien garnie, bonheur inexprimable.

Juste comme nous envisagions l'avenir avec le plus de souci, à cause de la diminution si sensible de nos vivres, une bonne fortune nous adressait ce « mets royal », comme Sverdrup l'appelait, et qui, outre sa chair, nous procurait encore du combustible. Aussitôt trois kayaks s'apprêtèrent à retourner chercher le précieux butin, dont la peau et la graisse devaient servir à nous chauffer. Nous découpâmes le reste selon les règles de l'art. Le plus parfait maître boucher n'eût pas mieux fait. Le sang fut recueilli dans des plats, et dès le même soir il y eut de la viande d'ours bouillie et rôtie, au choix. Le foie cru avec du sel est en vérité un délicieux régal ! Les hommes étaient tous comme transformés. Une gaieté bruyante remplaçait leur abattement, courage et espoir croissaient à vue d'œil. Les esprits vitaux étaient visiblement animés. Je n'aurais pas cru moi-même qu'ils pussent se réjouir si franchement. Le ciel nous envoyait ce secours au comble de la détresse, et notre gratitude pour cette miraculeuse disposition du sort se manifestait de façon touchante dans l'allégresse dont nous débordions.

Le vent semble vouloir tourner. Il souffle tantôt du S., tantôt du S.O., tantôt de l'O.S.O. Le temps est clair, le soleil brûle même, toute la contrée étincelle d'une blancheur éblouissante, qui cause à nos yeux une douleur intolérable.

26 mai — Le dépeçage de l'ours nous retient encore ici. Une grande activité règne devant et dans la tente. On cuit, on rôtit, on fait fondre de la graisse, etc... J'essaye de sécher au vent les quartiers de chair. Maintenant que nous avons enfin pu de nouveau nous rassasier à cœur joie, l'esprit d'entreprise et l'assurance en face de tout danger reprennent le dessus.

Quatre de nos hommes sont allés à la recherche d'un bon chemin. Le temps est encore excellent aujourd'hui, il fait très clair avec un fort vent du N. Quoique mes yeux me fissent très mal, je pris à grand peine la hauteur du soleil et établis une latitude N. de 82°20'. Le vent nous avait donc rapprochés du sud d'un mille marin dans ces dernières vingt-quatre heures. En allant avec le sextant à ma place d'observation, je remarquai dans les abords immédiats les vestiges de deux ours.

27 mai — Hier, nous avons levé le camp à minuit pour continuer notre course vers le sud. Mais nous dûmes stopper déjà au bout de trois

heures, la glace horriblement crevassée nous interdisant toute avance. Le vent est de nouveau à l'O.

Il faut pourtant retirer mon éloge du foie d'ours ! Déjà à bord circulaient des bruits sur les inconvénients et sur les dangers de l'absorber. Nous y faisions peu attention et n'avions d'ailleurs pas l'occasion alors de goûter à ce mets. Maintenant je suis convaincu que cet avis était parfaitement justifié. Le foie d'ours est en effet très contraire à la santé. Tous ceux qui en avaient pris eurent ensuite des maux de tête et des accès de vertige, comme s'ils étaient empoisonnés par l'oxyde de carbone. Nous avons dû éprouver sur nous-mêmes la vérité du proverbe que la sagesse ne vient que par le dommage, et j'ai juré de ne plus jamais manger de foie d'ours, même s'il chatouillait vivement mon palais ! Une violente tempête de neige eut lieu encore dans la nuit.

28 mai — Sa fureur continua au jour et nous fixa dans la tente jusqu'à midi. Le vent tourna d'abord au S. puis à l'E. Après midi, nous risquâmes le départ et nous nous tourmentâmes le reste du jour à franchir d'innombrables crevasses et chenaux. Ce fut un dur travail. La neige était très molle et sous elle l'eau suintait parfois jusqu'à

une hauteur de 30 centimètres. En dépit de tous nos efforts, nous ne parcourûmes que 4 kilomètres ; nous étions exténués et trempés jusqu'aux os. Nous tentâmes un sondage, mais ne trouvâmes pas de fond à 140 mètres et cette opération nous confirma encore que nous dérivions vers le sud.

En dépit de cette réjouissante constatation, notre situation n'était nullement enviable. Personne n'en doutait et je ne fus guère surpris d'entendre, le soir, le matelot Konrad et bientôt après, quatre de ses compagnons m'exprimer le vœu d'abandonner kayaks et traîneaux et de continuer à ski. Bien qu'il me parût extrêmement risqué de recourir déjà à cette mesure, je ne pus m'opposer à leur requête, attendu que mon procédé promettait tout aussi peu de succès.

Je formulai d'abord quelques objections, déclarant que sans kayaks nous risquions, en certaines circonstances, de nous trouver dans une situation fort critique et que d'ailleurs ils n'étaient pas lourds au point de ne pouvoir plus être traînés. « Comment vous représentez-vous notre vie, leur dis-je, si nous réussissions à gagner la terre ferme sans vêtements chauds, sans vaisselle ou ustensiles, sans cognée ou aucun autre des objets si importants renfermés dans les kayaks ? » Je n'eus pas l'impression de les avoir convaincus, mais au moins ils se turent provisoirement. Nous avons déjà entamé notre tente pour en brûler quelques parties et le moment approche où le dernier morceau en sera livré aux flammes. Car quand nous franchissons en kayak les places d'eau ouverte, le transport de la tente nous gêne très souvent. Elle est trop grande et doit alors être posée régulièrement au-dessus de l'embarcation, ce qui, d'une part, est très compliqué et, d'autre part, assez dangereux à cause de son poids considérable, surtout quand l'humidité vient encore l'alourdir.

La revue de nos provisions montre que nous disposons encore de seize sacs de biscuit, notre aliment principal ; ils pèsent 128 kilos. Ajoutez-y quelques réserves de pois moulus et de chair d'ours. Les munitions sont presque aussi lourdes que le biscuit. Mais avec la meilleure volonté nous ne pouvons rien jeter de ces objets de la plus grande importance.

29 mai — D'innombrables canaux, crevasses et flaques entravent de nouveau notre marche. La glace est cassante. Nansen raconte aussi qu'à

l'approche de la Terre François-Joseph, il trouva beaucoup de glace morcelée. Toutes les flaques vont d'est en ouest, pas une ne suit notre direction. Devant de tels champs de glace déchiquetés nous nous sentons comme des naufragés et nous nous demandons comment surmonter ces obstacles.

Lounaiev abattit aujourd'hui deux phoques, de sorte que nous voici de nouveau fournis de viande et de lard pour quelque temps. Le lard de phoque se prête bien mieux à l'éclairage que celui de l'ours ; il s'allume bien plus aisément et donne sans mèche une flamme claire, sa cendre remplaçant la mèche.

Le vent vient du N.E. Nous dérivons vers le sud-ouest et chaque jour montre avec plus d'évidence que nous allons vers le sud. Mes observations d'aujourd'hui donnèrent 82°08'3. Puisse la fortune ne plus nous abandonner ni nous leurrer !

30 mai — À l'aube, N.O. de force 5. Bientôt après le déjeuner éclata une violente tourmente de neige. Nous sortîmes néanmoins avec nos kayaks et avançâmes vers le sud sur un terrain très difficile. Les champs de glace se rapetissaient de plus en plus, nous forçant à nous servir des kayaks de façon durable. À peine une flaque était-elle passée

qu'une autre était en vue. Parfois elles n'étaient séparées que par 100 à 200 mètres. Ce sont peut-être ces formations, que nous rencontrons maintenant d'une manière suivie, que Nansen compare à un filet de pêcheur. Il semble en tout cas que nous soyons pris dans un filet. Que Dieu nous accorde la force de sortir sains et saufs de ce danger qui nous assiège !

En nous efforçant à l'extrême, nous n'avons avancé que de 3 kilomètres mais la dérive nous mène irrésistiblement vers le sud. Il y a peu de temps je n'osais croire que nous pussions atteindre le 82° au 1er juin ! Quels efforts de titan seraient nécessaires pour parvenir par nos propres forces à ce but de rêve ! Si je compare nos étapes à l'allure d'une tortue, je dois faire tort à celle-ci. Mais je devais apprendre qu'il y a encore des miracles, car ma mesure aujourd'hui, faite à midi, a donné 82°01' et au moment où je trace ces lignes, nous sommes certainement en dessous de 82° !

Je prends ma carte en main. L'extrême pointe nord de la Terre du Prince Rodolphe y est portée sous le 82°12'. Or, comme nous sommes déjà en dessous de 82°, cette terre doit s'étendre à l'est ou à l'ouest de nous, probablement à l'est ; sans cela il faudrait placer la dérive du Santa Anna beaucoup plus à l'est. Pour ma part, je suis convaincu que nous dérivons vers l'ouest, comme le prouvent les vents dominants, l'inclinaison constante de ma sonde et même mon chronomètre devenu tout à fait inutilisable. Ma carte indique sur la Terre du Prince Rodolphe deux sommets de plus de 365 mètres. Or si cette donnée était exacte, j'aurais dû les apercevoir depuis longtemps et je n'ai rien découvert de semblable.

Mais mes ressources nautiques sont aussi hors d'usage. Que ne donnerais-je maintenant pour une bonne carte et un bon chronomètre ! Si toutefois j'en avais un meilleur, il n'aurait probablement pu résister aux chocs continuels. Les seuls services que m'ait rendus le mien a été de me prouver, à chaque observation, que nous dérivions presque toujours vers l'ouest et, en kayak, de m'être un coussin commode !

Si nous réussissions à gagner une terre et à en fixer la situation, il me serait possible de marquer notre itinéraire sur la carte, sans conteste. Les observations de l'horizon sont éminemment importantes. Mais je n'ai guère d'aide à attendre de mes compagnons, qui restent indifférents à ces choses. Pour les décider à scruter parfois l'horizon du haut d'un glaçon élevé, j'ai promis vingt-cinq roubles au premier qui découvrirait la terre du salut.

Nous passâmes la nuit sur le bord immédiat d'une flaque étroite. Le vent venait du N.O., force 6. Nous avons relevé des traces d'ours à trois endroits différents.

31 mai — Nous venions de terminer notre déjeuner, quand Maximov se précipita dans la tente en criant qu'il avait aperçu à l'instant un grand ours sur le bord opposé de la flaque. Aussitôt Lounaiev et moi saisîmes nos fusils et courûmes à l'endroit indiqué, cachés par les glaçons. Nous nous mîmes à l'affût sans bruit et découvrîmes la bête, mais elle était hors de portée. Notre position était très favorable, nous permettant de suivre chaque mouvement de l'ours. Il levait le museau et flairait le vent. L'odeur du lard rôti venant de notre camp l'attirait manifestement ; mais il ne pouvait se décider à s'approcher. Il ne se détachait de son milieu que par trois points noirs, car la couleur jaunâtre de sa fourrure se fondait complètement dans le cadre glacé. Seuls les yeux et le nez, ces trois

points typiques, le révélaient au chasseur, parce que, examinant les environs, ils étaient en mouvement perpétuel.

Il nous eut bientôt découverts et nous considéra environ cinq minutes avec une vive attention. Tout à coup il se tourna pour se mettre en sûreté par une fuite précipitée. Il n'y avait pas de temps à perdre. Il fallait attaquer. Nous tirâmes en même temps et atteignîmes le but. La bête gigantesque tomba, mais se releva aussitôt et se mit au trot. Alors nous tirâmes successivement plusieurs cartouches explosives. L'ours tomba encore et roula même sur lui-même, mais se releva de nouveau pour fuir la zone dangereuse. Cependant il était si gravement atteint que cette nouvelle tentative de fuite échoua. Il ne put plus se redresser, se tordit et mordit la glace, pour rester bientôt couché immobile. Nous montâmes aussitôt dans un kayak et ramâmes vers la place où gisait l'animal, mort en apparence. Mais à notre approche il sauta sur ses jambes et courut aussi vite qu'une haquenée. Ne pouvant le poursuivre, nous revînmes au camp, ennuyés de cette inutile perte de munitions.

Après quelques minutes, le matelot Konrad

me demanda la permission de reprendre la poursuite. Je consentis, mais, pour sa sécurité, envoyai à sa suite, sans retard, son camarade Smirennikov. Ils trouvèrent vite la bête blessée, qui voulut encore fuir en les apercevant, mais, les forces lui manquaient maintenant, et, après quelques pas, elle tomba morte dans une flaque. On alla aussitôt chercher cette magnifique proie et on la dépeça au camp selon les règles. Bientôt les marmites chantèrent de toute part. Nous avions de nouveau, tout à fait à l'improviste, un superbe repas, dont nous allions pouvoir nous délecter à cœur joie. Mais cette fois, nous sacrifiâmes le foie à la déesse de la chasse !

Ce 31 mai semble d'ailleurs un jour de bonheur hors ligne. Outre le rôti d'ours dont Diane nous gratifia, nous jouîmes des faveurs insignes d'Éole, qui soufflait du N. Mes calculs donnèrent 81°54', et je crus constater, sans toutefois en obtenir la preuve certaine, que notre sonde atteignait le fond à 200 mètres. Je nourrissais la conviction de plus en plus ferme qu'une terre devait se trouver très près. La nature environnante montrait aussi soudain un tout autre aspect. Diverses manifestations de vie remplaçaient le silence mortel qui régnait jusque-là. Nous vîmes souvent des oiseaux et rencontrâmes beaucoup de phoques. Des essaims de mergules nains passaient en volant. C'étaient des signes évidents de l'approche de latitudes où s'arrêtait le royaume de la mort blanche. La glace était en mouvement constant et des mottes se détachaient sans cesse des grands champs de glace.

Dans notre camp aussi, la vie s'éteignit moins vite aujourd'hui. Les articles culinaires jouaient le principal rôle et notre cambusier surtout put montrer ses talents. Tous cuisaient, rôtissaient, fabriquaient des saucisses et séchaient de la viande sous sa haute direction. La tristesse avait cédé la place à une joie exubérante et c'était à qui prouverait le mieux que la vie conserve ses charmes même dans ces zones lointaines et solitaires.

Un fort vent du N. souleva une violente tempête de neige dans la nuit.

Dimanche, 1er juin — Ma fête ! Les félicitations commencèrent avec le jour, de la façon la plus cordiale… Notre cambusier Regald s'efforça d'illustrer ce jour par un banquet bien préparé. Chacun reçut un énorme bifteck d'ours assaisonné d'oignons, plus une saucisse, et, au dessert on offrit du thé avec des pommes séchées. Tous les convives témoignèrent d'un véritable esprit de fête, rehaussé encore par le vent si favorable qui sans relâche nous poussait vers le sud. Nous n'avions presque plus qu'à rester assis dans notre tente, comme si une chaise de poste nous menait lentement, mais sûrement vers le but. Latitude de 81°49,5'.

En effet, nous dérivions sans cesse vers le sud ! Cependant j'étais, quant à moi, inquiété par un phénomène secondaire qu'il me fallait provisoirement taire à mes compagnons : c'est que la glace dérivait vers le sud-sud-ouest et que manifestement nul obstacle ne l'entravait dans cette direction. Nous ne pouvons donc arriver à l'archipel où tendent toutes nos impatiences ! Cette pensée met une goutte d'amertume dans la coupe de mes joies. Que j'aurais été content, si la dérive actuelle était venue à mon secours, lorsque nous errions encore dans les latitudes les plus septentrionales de la Terre François-Joseph ! Mais à présent cette rapide dérive vers le sud va infailliblement nous faire dépasser cette terre du salut pour nous entraîner dans la mer de Barents. À vrai dire, nous aurions dû longer la côte occidentale de cet archipel, entre cette côte et le Spitsberg. Et il est surprenant que depuis peu la glace bouge très irrégulièrement, ce qui peut provenir des marées. La possibilité subsiste tout de même qu'elle aille heurter une terre ferme, sans doute à très grande distance. Ces questions en suspens m'oppressent parfois fort. Quiconque est en état de jeter un regard dans le merveilleux laboratoire de cette nature gigantesque, se sent écrasé par ses impressions, comme si des géants mesuraient leurs forces en se jouant, sur un échiquier de dimensions colossales. Essayons d'en donner un exemple : en explorant aujourd'hui la région vers le S.S.E., nous eûmes la surprise de découvrir des vestiges de ski sur un des glaçons flottants.

Un examen approfondi nous convainquit que nous avions affaire à nos propres traces et que ce glaçon nous avait tant devancés par suite d'un changement de courant. Une semblable constatation plonge l'homme presque dans un recueillement religieux. Il voit combien sa force et son savoir sont peu de chose et qu'il demeure un jouet dans la main de la toute-puissante nature, dont il est impuissant à résoudre les innombrables énigmes.

Le vent du N. conserva la même force dans la soirée, et, dans la nuit, il neigea.

2 juin — Au point du jour, le vent du N. s'est changé en tempête. Il hurle et tonne, amoncelle les glaçons comme des cartes à jouer et secoue avec une violence sauvage notre tente, qui craque dans toutes ses jointures. Partout il circule beaucoup d'eau. Inutile d'essayer de sortir en kayak. La glace poussée par l'ouragan ne semble pas non plus trouver d'obstacle au sud-sud-ouest. Il doit y avoir là une grande mer ouverte.

Je profitai de quelques moments d'accalmie relative pour prendre les mesures et reconnus 81°42,5'. Nous avions donc avancé de 7 milles marins vers le sud dans les dernières vingt-quatre heures. Où pouvons-nous bien être ? Sûrement à l'ouest de l'archipel François-Joseph. Peut-être errons-nous quelque part au nord de la Terre Alexandra. Mais si je ne me trompe, Nansen a vu une terre en allant, avec Johansen, de ses quartiers d'hiver de l'île Jackson, vers le cap Flora. Cette terre devait être basse et toute couverte de neige et de glace. Ce serait superbe si nous tombions sur la route de Nansen car alors je pourrais utiliser pour nous ses expériences notées avec soin dans le livre de loch. Je ne sais rien de la Terre Alexandra ; sur ma carte défectueuse, sa côte n'est marquée que par un pointillé. Il est évidemment oiseux de nourrir des suppositions quand on ne peut les étayer par aucun point d'appui. Patientons. Qui vivra verra. En tout cas, je ne compte plus ne trouver la terre du salut qu'au sud ou à l'est ; elle peut tout aussi bien être au nord.

C'est avec des sentiments très mêlés que je me glissai encore aujourd'hui dans mon sac de campement. Il nous fallait pour le moment rester oisifs, attendre un temps plus favorable et une meilleure voie et nous estimer heureux d'avoir été bien nourris et même de disposer de réserves de viande considérables. Malgré le terrain impossible, Lounaiev est sorti et a tiré un phoque que nous emploierons uniquement comme combustible. En ce moment la tempête hurle de nouveau ses chants de triomphe et écrase tout ce qui se met sur son chemin. Dieu merci, nous sommes à l'abri !

4 juin — Un fort vent du N. persiste avec tourmente de neige et air tiède. Il fait humide dehors et pas moins dans la tente, dont le sol est devenu tout mouillé, faute de renouvellement d'air. Dernièrement il nous a fallu déplacer la tente, ce

qui est inutile aujourd'hui, puisque dehors aussi tout est mouillé. Nous restons donc assis ensemble, silencieux ; il fait aussi humide que si nous portions des compresses permanentes. Cette température nous fait du mal même quand nous n'errons pas dehors. Même un chauffage renforcé ne saurait diminuer l'humidité dans la tente, quelque ardeur que mette Louianev à nous procurer de la chaleur en chassant le phoque, ce qui d'ailleurs n'est pas aisé, car il ne se montre que sur les flaques et ne sort la tête de l'eau qu'un instant. Il faut que le tireur soit bien exercé pour toucher le but car, de plus, la tête de la bête est assez petite. Et il faut atteindre la tête, sans quoi l'animal s'échappe à la nage car il est très résistant aux blessures. Si on le rencontre sur la glace, il saute aussitôt dans un trou d'eau et disparaît, étant excellent nageur.

Sortant de la tente pour inspecter l'horizon, je vis un ours tout près. Il leva la tête et suivit mes mouvements avec une vive attention. J'essayai de l'attirer en simulant la peur et me cachant derrière un gros glaçon. Je crus que l'ours me suivrait mais il fit demi-tour et disparut. Nous avions souvent joué ainsi à cache-cache avec le « roi de la glace éternelle », et toujours avec un résultat heureux pour nous et fatal à l'animal. Lorsqu'on l'affronte sans crainte, il hésite d'ordinaire un moment, ses trois points typiques se balancent comme un pendule, puis il prend soudain la fuite. Lui aussi montre une extrême endurance aux blessures. J'ai assisté à des cas où, les extrémités brisées, parfois même l'épine dorsale atteinte, il se sauvait rien que sur ses pattes de devant. Nous avons trouvé jusqu'à douze balles dans son corps, dont des balles explosives comme en emploient les chasseurs de phoque, et qui brisent les os en produisant, en sortant du corps, de graves déchirures, sans que la mort s'ensuive aussitôt. Un ours mortellement blessé est un adversaire très dangereux. Parfois on le croit mort mais à la plus silencieuse approche du chasseur, il l'empoigne et le déchire avec ses dernières forces. Mais en général il est plutôt craintif, car à la première rencontre avec l'homme il a coutume de se retirer aussitôt. Il court avec lourdeur, mais même une neige profonde l'arrête peu. Quand la femelle est en route avec ses petits, elle est extraordinairement prudente et ne se laisse presque jamais mettre à portée du chasseur. C'est un drôle de spectacle que de voir courir une ourse avec ses petits sur une glace mince et fraîche. Elle rampe alors presque sur le ventre en écartant fort les jambes, tandis que les oursons sautillent derrière elle comme des grenouilles. Bien que très bons nageurs et plongeurs, les ours ne vont pas volontiers dans l'eau froide en hiver. Un jour, nous vîmes un ours qui voulait échapper à notre poursuite briser une couche de glace mince, plonger et nager sous la glace. Mais au bout d'un moment il cassa de nouveau la glace et sortit la tête de l'eau pour s'assurer si nous le poursuivions. Puis il plongea encore et continua à nager sous la glace. Ce n'est qu'à une assez grande distance qu'il remonta à la surface.

Ni hier, ni aujourd'hui il ne me fut possible d'observer le soleil. La position de la sonde me montra que nous nous dirigions vers le sud-sud-ouest. Je remarquai aussi que les flaques tantôt se contractent, tantôt se distendent avec une grande régularité. Cela confirme ma supposition que le déplacement continuel de la glace en morceaux est attribuable à la marée, dont nous ne pouvons percevoir les effets, parce que nous sommes encore trop en haute mer.

Le temps s'améliorant vers le soir, nous préparons le départ. Avant tout il faut sécher les vêtements et nous allons sacrifier un traîneau et un kayak pour sécher à leur flamme nos effets mouillés. Pour dix hommes, trois traîneaux et trois kayaks suffiront désormais. Nous couplerons deux kayaks pour pouvoir mieux résister à de fortes vagues.

État de nos provisions : outre la réserve de viande d'ours, 12 sacs de biscuits, 3 livres de sel et 4 livres de viande séchée pour faire du bouillon.

5 juin — Le temps change à vue d'œil. Une légère brise du S. remplace le vent du N. et il fait sombre et humide. Caché derrière les nuages, le soleil n'en sort parfois que comme un disque de faible éclat. Cet éclairage cause de nouveau de violentes ophtalmies. Nous continuons à dériver vers le sud. Mon calcul indique 81°09' ; mais je ne m'y fie pas absolument, car mon œil est aveuglé et l'horizon ne se détache pas nettement.

À quatre heures de relevée, je distingue à l'est-sud-est de vagues contours dont je ne puis dire au juste ce que c'est. Je vis au loin à l'horizon deux petits nuages blancs et peut-être rosés. Ils furent longtemps visibles sans changer de forme et de position, jusqu'à ce qu'enfin le brouillard les engloutît. Incapable de mettre au clair mon observation, je la tais provisoirement à mes compagnons pour ne pas éveiller d'espoir trompeur.

Jamais nous n'avions traversé une zone aussi déchiquetée, partout flaques, canaux et crevasses. Beaucoup de ciel d'eau pend à l'horizon. Des essaims de mergules et de mouettes blanches animent l'air. Ces dernières font un horrible tapage, crient toute la nuit, se disputent les reliefs de notre cuisine et me privent de sommeil, comme de mauvais esprits qui voltigeraient autour de nous et sembleraient s'amuser de notre triste sort. Elles rient et piaillent, sifflent et hurlent comme des femmes hystériques. Jamais je n'oublierai leurs cris stridents. Ajoutez-y les tourments du soleil éclatant qui brille même de nuit dans notre tente par chaque fente et interstice de la toile.

Un double sondage ne réussit pas à toucher le fond ; mais, comme d'habitude, la ligne indiqua le sud. Le vent souffle de nouveau du N. Hourra !

6 juin — Je viens de refaire mon calcul astronomique d'hier et l'ai trouvé exact. Nous

sommes en dessous de 81°01'. Quelque merveilleux que cela semble, nous avons pendant notre arrêt mis derrière nous en une semaine tout un degré de latitude, soit 60 milles marins complets. Peut-être cette avance n'est-elle pas à mettre uniquement sur le compte des vents ; je suis convaincu que le courant y a aussi contribué.

Maintenant que nous voilà exactement au 81°, la question de notre position devient encore plus brûlante. Je suis sûr que nous dérivons à l'ouest de l'archipel François-Joseph ; car la Terre Alexandra est, d'après ma carte, plus au nord que le 81°. Si cette donnée était fausse et que la Terre Alexandra fût plus au sud, nous eussions depuis longtemps touché sa rive nord. Il ne reste donc que deux possibilités : ou ma carte est fausse, ou nous sommes déjà entre la Terre François-Joseph et le Spitsberg. Mais alors nous aurions aussi dépassé la Terre de Gillis sans l'avoir vue. Je ne saurais décider laquelle de ces deux suppositions est juste. Peut-être réussirons-nous à aborder la Terre Alexandra ; alors s'évanouira notre espoir de trouver le cap Flora avec le home Jackson et ses trésors de vivres. Il faudrait tenter de gagner le Spitsberg. Mais bien au-dessus de tous ces doutes plane la question : nos forces vaincront-elles les épreuves que l'avenir nous réserve encore ? Nos traîneaux et kayaks continueront-ils leurs services ? Notre persévérance et notre foi finiront-elles par obtenir leur récompense ? Nous dérivons sans fin et sans but !

7 juin — Toujours au même endroit ! Nous semblons partager le sort de Nansen. Nous avons aussi notre « camp de l'attente », mais qu'y gagnons-nous ?

Même vent N.O. qu'hier. Qu'il souffle encore plus vers l'E., ce ne sera que profit pour nous. Le ciel est sombre et il tombe une neige humide. Sur la glace aussi, elle dégèle fort. Autour de nous, rien que chenaux et flaques. La glace est comme vivante, ciel d'eau à l'horizon. Suis-je le jouet d'une illusion, en croyant voir la glace qui nous porte bouger plus vite que celle à l'est de nous ?

Nansen et Johansen en route vers le cap Flora.

Nous nous vîmes à cent mètres de la paroi d'un formidable glacier.

Chapitre VII

Terre ! Terre !

9 juin — Le vent vient tantôt du N.O., tantôt de l'O.N.O. Malgré le temps sombre, j'ai pu établir que, sans avoir rien fait pour cela, nous avons atteint 80°52' de latitude N. et 40°20' de longitude E. de Greenwich. Mais je ne puis certifier l'exactitude rigoureuse de la longitude.

Comme déjà si souvent, je grimpai vers neuf heures du soir sur un haut glaçon pour étudier l'horizon. D'ordinaire l'œil apercevait dans toutes les directions des formations insulaires qui, examinées de plus près, se trouvaient être des glaçons ou des nuages. Cette fois, je vis à l'horizon bien éclairé tout autre chose. Mon émotion fut telle d'abord que je m'assis sur le bloc pour nettoyer les verres de mes jumelles et essuyer mes yeux. Mon pouls battait de joyeuse attente et quand je dirigeai de nouveau mes yeux bien armés vers le point si gonflé de promesses, je discernai une bande argentée, pâle, aux contours fortement concaves, qui bordait tout l'horizon et disparaissait peu à peu à gauche. Le côté droit de cette apparition se détachait de l'azur du ciel avec une netteté particulière. Le tout avait quelque ressemblance, pour la coloration aussi, avec une phase de la lune. Tandis que le bord gauche pâlissait peu à peu, le côté droit ressortait toujours plus, semblable à un trait jaunâtre tracé à travers l'horizon bleu. Quatre jours avant, j'avais remarqué un phénomène tout pareil; mais l'éclairage défavorable me l'avait fait prendre alors pour un nuage. Pendant la nuit, je retournai cinq fois vérifier ma vision si étrange et chaque fois je trouvai ma première impression confirmée, plus ou moins nettement; les caractères principaux surtout, forme et couleur subsistaient. Personne n'avait encore remarqué le merveilleux phénomène. Il m'en coûta beaucoup de ne pas courir aussitôt dans la tente pour y crier mon transport: « Ô dormeurs, ne voyez-vous donc pas que nous sommes au terme de tous nos désirs et allons toucher terre! ». Je suis sûr à présent que c'est la terre que j'ai vue mais je veux garder mon secret comme un trésor, et me contente de penser : « Vous n'avez qu'à ouvrir les yeux pour voir le miracle. » Mais mes camarades restent insouciants comme toujours et n'aperçoivent même pas mon agitation contenue à grand-peine. Au lieu de s'occuper de l'horizon, seul arbitre de notre sort futur, ils se rendorment ou organisent une chasse aux bécasses : nous nommions ainsi les hôtes constants de nos sacs de campement, les poux. Cela leur importe davantage !

10 juin — Le matin fut très beau. La terre supposée apparaissait plus nettement, sa coloration jaunâtre devenait fantastique. Et comme sa forme différait prodigieusement de ce que je m'étais attendu à contempler dans mes recherches journalières et impatientes durant ces deux derniers mois ! Maintenant je pouvais aussi apercevoir, vers la gauche, quelques pointes isolées, qui, toutefois, étaient bien en retrait et entre lesquelles semblaient être des glaciers. Je me demandai, en vain, à quelle distance nous pouvions en être car mon œil n'était pas du tout exercé à l'estimation de telles distances. J'estimai sommairement 50 à 60 milles marins jusqu'aux sommets les plus lointains ; l'éloignement de la

terre ferme ne se laissait pas même déterminer approximativement : 25 à 30 milles, peut-être plus, peut être moins. La seule chose certaine était que nous nous trouvions maintenant plus près du port sauveur que jamais depuis deux ans. Je rendis des actions de grâce en moi-même. Mais comment y parvenir ?

Vers midi je réussis une bonne hauteur du soleil. Nous étions en train de passer 80°52'. Vent du S. Nous mangeâmes vite, emballâmes nos affaires et résolûmes d'aller à terre. À neuf heures nous avions fait 3 à 4 kilomètres et ne voulûmes pas dresser la tente avant d'avoir atteint la terre. Pourrons-nous réaliser ce projet ? Les champs de glace ne cessent de bouger ; il est presque impossible d'avancer sans kayaks. Nous avons rencontré nombre d'ours ; nous avons tiré parfois aussi des phoques. La certitude de n'avoir plus de soucis de nourriture multiplie notre énergie et nous fait supporter les fatigues avec courage.

10 juin — Le soir est venu. C'est avec des sentiments mêlés que nous sommes assis dans la tente ; car non seulement nous n'avons pas atteint l'île, mais nous nous en sommes même éloignés. Temps très sombre ; il neige et pleut avec vent du

S. La voie est horrible ; mes compagnons l'appellent « glutineuse ». La traversée est impossible aujourd'hui, à pied comme en kayak. Épuisés, trempés et affamés, nous décidons de nous arrêter et de dresser la tente. Vent toujours du S. Les plus gros efforts ne nous ont pas menés plus loin que 3 kilomètres à peine. Mais nous avons réussi à abattre deux phoques et un petit canard, que nous cuisons ; avec le sang des phoques, il nous fournit une soupe très nourrissante.

Une fois que nous nous décidons à mettre notre cuisine en mouvement, il faut distribuer de solides portions. On eut aujourd'hui un repas suffisant le matin et à midi tout un seau de soupe et autant de thé ; le soir, une livre de viande chacun et du thé. Notre alimentation est très suffisante, car outre ce que nous venons de dire, chaque homme reçoit encore une livre de biscuit par jour. Malgré cela, il m'a fallu constater hier la disparition de 7 livres de biscuit. Cette découverte affligeante me força à rassembler les camarades pour leur dire qu'en cas de récidive je les rendrais tous responsables et diminuerais chaque ration, mais que si je parvenais à prendre l'infâme voleur sur le fait, je l'abattrais sans pitié.

Seul celui qui a éprouvé de tels tourments peut mesurer l'impatience qui me poussait vers l'île où cesserait notre odyssée de deux ans dans la glace éternelle. Une fois au but, notre sort s'améliorera vite. Nous capturerons alors une foule d'oiseaux et de morses et pourrons aussi prendre un bain ! Depuis deux mois, nous n'avons pu nous laver une seule fois. Apercevant par hasard mon visage tout à l'heure dans le petit miroir de mon sextant, j'eus peur de moi-même. Je suis défiguré jusqu'à être méconnaissable, recouvert comme je le suis d'une épaisse couche de crasse. Et cet aspect, nous l'avons tous. Nous avons essayé de faire disparaître cet enduit si déplaisant, mais n'y réussîmes qu'imparfaitement. Et notre mine était encore plus fâcheuse, car nous avions l'air tatoués ! Notre linge et nos habits ne méritent plus leur nom. Et ces haillons qui nous couvrent fourmillent de « bécasses », et je suis sûr que si nous avions posé un de nos tricots encroûtés sur une surface plane, il aurait mesuré à lui seul plusieurs mètres !

Voici une tranche de notre vie sous la tente :

tout le monde est accroupi en cercle sur le sol, visages renfrognés, silencieux, plongé dans un grave travail. Que font ces hommes ? La chasse aux « bécasses » ! Ce « passe-temps » est toujours réservé pour la soirée. C'était la seule possibilité de nettoyage, car, pour nous laver, tout nous manquait, eau et savon. Et même si nous avions eu de l'eau, le froid cruel nous aurait interdit de nous laver. Elle nous manqua même trop souvent pour apaiser notre soif !

11 juin — Marche heureuse. Avance de 6 kilomètres. Vers le soir, nous posâmes notre camp sur un petit champ de glace borné de flaques et de blocs amoncelés. Le N.E. du matin se changea vers le soir en un frais vent du N. Le courant nous a détournés aujourd'hui, vers l'est, de sorte que l'île du « salut » nous apparaît maintenant plus au sud. Bonne chasse : un phoque et un canard. Les yeux sont de nouveau très douloureux.

12 juin — Le vent vient invariablement du N., mais avec un temps clair et tiède. Les traversées seules furent pénibles : nous fîmes à peine 2 kilomètres. Sept de nos hommes souffrent d'ophtalmie maligne. La traversée d'une flaque fut marquée d'un malheur grave : notre Remington disparut

dans les flots. La négligence des hommes m'indigna au point que je m'abandonnai à ma colère et frappai un des plus proches de moi. C'est le deuxième fusil perdu par cette légèreté, et qui peut se mettre à ma place comprendra mon dépit de cette impardonnable insouciance et d'un tel laisser-aller. Il ne nous reste plus qu'un seul fusil, bien approvisionné. La petite arme à répétition ne compte plus guère, puisque nous n'avons plus pour elle que quatre-vingts cartouches. Celle à plomb, à double canon nous est peu utile, n'étant d'aucun usage contre les ours qui peuvent nous guetter derrière chaque bloc.

J'ai voulu observer le soleil, mais mes yeux s'y sont refusés : l'astre m'apparaissait comme une tache brumeuse et confuse ; quant à l'horizon, je n'en voyais rien du tout. À ce que m'assurent mes compagnons qui voient encore clair, l'île « du salut » est aujourd'hui particulièrement visible ; on peut même y distinguer des détails. Nous avons tiré au vol deux eiders qui venaient évidemment de l'île. Ils fournissent un meilleur rôti que les canards plongeurs. Notre provision de viande de phoque étant épuisée, nous fîmes cuire, pour midi, la viande d'ours séchée il y a quelques jours ;

le soir il y eut de la soupe préparée avec cette même viande. Le sucre est fini et le thé ne durera plus que peu de jours. Notre marche continue à présenter les mêmes difficultés. Nous avons imaginé une nouvelle méthode : nous déterminons notre itinéraire du haut d'un gros bloc, c'est-à-dire que nous sondons les places où kayaks ou skis peuvent passer. Il nous faut souvent longer la flaque sur nos skis, en traînant sur l'eau les kayaks chargés des traîneaux. Mais les barques sont souvent arrêtées dans la glace émiettée et l'on ne les remet à flot qu'avec une peine infinie. Il arrive que, pendant ces sabbats, l'un ou l'autre enfonce dans la glace, et alors se révèle le plus ou moins d'agilité de chacun. Il faut vite sortir de l'eau, retirer les bottes remplies d'eau glacée, la verser et retourner aussitôt au travail, tout cela en peu d'instant !

13 juin — Le vent tourna venant du S.S.O. Partis à huit heures, nous marchâmes avec une seule heure d'interruption jusqu'à six heures et demie du soir. Résultat : 6 kilomètres. Nous dûmes franchir des champs de glace plus étendus, avec beaucoup de neige minée par l'eau de mer. En traversant une flaque, nous fûmes effrayés par

le bond inattendu d'un phoque barbu, qu'on appelle en Russie « lièvre marin ». Nous rencontrâmes aussi un grand nombre de phoques ordinaires sans pouvoir en tirer.

Quand l'horizon s'éclaircit, ceux d'entre nous qui n'étaient pas aveuglés par la neige purent cette fois constater la présence de l'île au sud-est. D'après cela, ce serait un va-et-vient capricieux que les marées feraient faire à la glace devant l'île où nous ne trouverons ainsi que de la glace en morceaux. Le soir, le vent S.S.O. augmenta, provoquant une grêle très fine.

14 juin — Le même vent persiste avec un temps froid et sombre. Nous fîmes 4 kilomètres dans la matinée. Sur une glace très mince, le matelot Konrad s'enfonça si avant dans un trou de phoque qu'il avala même de l'eau. Il nous fallut sans délai dresser la tente et allumer le feu pour le réchauffer. Nos provisions fondent. Il ne nous reste que 58 kilos de biscuits et nos réserves de viande sont finies, de sorte que nous n'avons à midi qu'une soupe avec du biscuit, à laquelle nous ajoutons notre dernière boîte de lait condensé. Cet état inquiétant de nos vivres nous fit tenir conseil et décider d'examiner sans retard notre

chemin sur une grande distance, d'abandonner la tente et de continuer sur nos kayaks presque vides. À peine en route, nous rencontrâmes des phoques, nous en tuâmes deux. Au comble de la détresse, la fortune nous souriait de nouveau. Cet heureux événement nous rendit le courage au point que nous gardâmes la tente. La voie était pitoyable et exigeait une extrême prudence, si bien que nous fîmes à peine 2 kilomètres.

16 juin — Nous venions d'ériger la tente quand Lounaiev apporta la bonne nouvelle qu'il avait abattu cinq phoques en l'espace d'une heure. Il arriva tant d'animaux tout près de notre camp que nous aurions aisément pu en tuer d'autres, mais nous en avions assez pour le moment.

Autant que je pouvais envisager le terrain, nous étions sur un petit champ de glace entouré de blocs morcelés. Nulle issue. Notre situation était peu enviable. De plus, il s'était levé un vif vent du S. qui pouvait encore au dernier moment nous écarter de l'île « du salut ». Il ne nous restait qu'à attendre patiemment la suite des événements. Dans notre infortune, nous avions au moins la chance de voir beaucoup de phoques. Notre seul espoir était une saute de vent qui réunirait toute cette bouillie glacée ou nous pousserait vers la terre avec notre bloc. La situation était désespérée. Impossible d'abandonner les kayaks, de prendre les sacs sur le dos et de partir à ski, car des flaques ne cesseront de nous barrer le passage, et, sans kayaks, nous serons perdus. Nous essayâmes de caser tout notre avoir sur un seul traîneau que nous avons voulu tirer tous les huit. Mais la tentative échoua piteusement. Le traîneau, lourdement chargé, enfonça tant dans la neige que nous eûmes toutes les peines du monde à l'en retirer. D'ailleurs, nous pouvions être sûrs que nos vieux traîneaux ne supporteraient pas de telles épreuves ; ils n'auraient même pas tenu un jour. D'autre part, sans eux, que faire des kayaks ?

Après mûre réflexion j'aboutis à la résolution de ne pas abandonner un seul de nos trois kayaks. Je ne voudrai pas répondre de ce risque. Plutôt avancer lentement que de nous trouver un beau jour sur un bloc entouré d'eau et immobilisés, condamnés peut-être à ne pouvoir atteindre l'île toute proche. Persévérance et confiance seules peuvent nous sauver. L'homme est trop prompt à l'impatience. Il n'y a que sept jours que nous avons aperçu l'île. Et comme nous étions prêts alors à supporter encore beaucoup de fatigue, pourvu qu'il nous fût donné d'arriver au but ! Et comme le découragement est revenu vite !

Si j'ai bon souvenir, il a fallu à Nansen six semaines complètes pour joindre la Terre de Hvidten, la « terre blanche ». Il est vrai que sa situation était un peu plus favorable car il avait des chiens qui l'aidaient à tirer ses traîneaux, qui d'ailleurs étaient bien mieux construits : les nôtres méritent à peine leur nom. Je n'écoute pas les voix séductrices des skieurs qui ne cessent de vouloir me convaincre. Je me fie à mes kayaks et ne les lâcherai pas. Cette résolution inébranlable, je l'ai fait connaître à mes compagnons à plusieurs reprises.

Nous reprîmes notre marche à six heures et parcourûmes environ 5 kilomètres dans le court espace de deux heures et demie. Le très mauvais chemin nous fit faire halte prématurément sur un grand bloc de vieille glace. Nous y trouvâmes de l'eau douce pour la première fois depuis un an. À peine la tente se dressait-elle que Konrad s'y précipita transporté de joie, pour nous annoncer qu'il avait découvert un morse juste derrière les blocs. La bête gigantesque semblait couchée immobile au pied d'un bloc. Mais quoique nous fissions nos apprêts avec les plus grandes précautions, nous ne réussîmes pas à la tirer. Dès que nous mîmes en joue, elle se jeta à l'eau et disparut instantanément ; en approchant nous constatâmes que plusieurs animaux devaient avoir campé là.

Le jour entier régna un épais brouillard qui me rendit tout calcul de notre position impossible.

17 juin — Ce jour a amené beaucoup d'agitation. Je viens d'être comme frappé de la foudre en acquérant l'horrible certitude d'une trahison de mes compagnons. J'ai peine à me remettre de ce coup...

Hier soir, deux de mes hommes exprimèrent le désir de faire une reconnaissance à quatre heures du matin. Je me déclarai d'accord et leur fis délivrer leur ration de biscuit, comme d'habitude en pareil cas. Je m'éveillai à trois heures et demie, éveillai les deux hommes et me rendormis bientôt. Levé pour le déjeuner, j'appris, consterné, qu'ils n'étaient pas revenus. À midi, ils manquaient encore. De plus en plus inquiet, je résolus d'aller à leur recherche. Nous admîmes d'abord que la glace s'était déplacée dans l'intervalle et les avait empêchés de retrouver leur chemin.

Mais quelle ne fut pas mon indignation, quand, avant de partir, je découvris qu'ils nous avaient honteusement volés ! Ils avaient dérobé une paire des meilleures bottes, appartenant à Lounaiev, les chauds vêtements de Maximov, un sac de biscuits de 20 livres, et même notre unique fusil à double canon avec deux cents cartouches. Après cette affligeante constatation, je courus à mon kayak. Les voleurs y étaient passés aussi ! Il manquait un paquet d'allumettes, mon unique longue-vue et la boîte en fer-blanc soudée qui contenait la correspondance et tous mes documents. Les maudits vauriens avaient même emporté notre dernière montre. Finalement, je trouvai leurs mauvais skis à la place de mes bons. En vérité, ils s'étaient bien équipés pour leur course criminelle !

Je ne saurais dire combien je fus abattu par ces constatations douloureuses. Les autres voulurent aussitôt poursuivre les voleurs pour leur faire leur procès séance tenante, s'ils les rattrapaient. Après mûre réflexion, je calmai leur ardeur par la remarque que ces bandits avaient déjà une trop forte avance pour pouvoir espérer les atteindre et que, d'ailleurs, cette poursuite serait risquée même autrement. Le mouvement continuel et imprévisible de la glace nous ferait courir le danger de perdre sans retour notre camp avec tout ce qui restait. Nous aurions vite perdu la trace des fugitifs et nous serions exposés à un malheur pire. Nous ferions mieux, leur dis-je, de nous résigner provisoirement à cette pénible épreuve et de réfléchir comment nous pourrons le mieux continuer notre voyage. Il faudra sacrifier notre lourde tente ainsi qu'un traîneau et un kayak. À la rigueur nous pourrons nous passer de tente, quant aux kayaks, deux ne suffisaient pas à porter huit hommes, mais en pourraient tenir sept. Sans doute nos bagages étaient désormais bien réduits. Nous nous mîmes donc en marche tristement, quatre hommes tirant le premier traîneau, et trois le deuxième. J'allai devant pour chercher le meilleur chemin. Un silence accablant, presque sinistre, pesait sur toute la contrée…

18 juin — Nous continuâmes jusqu'à trois heures du matin et fîmes environ 5 kilomètres sur une voie passable. Nous avancions silencieux et angoissés à travers l'infini désert blanc, sous l'impression paralysante de notre situation désespérée. En traversant une flaque nous vîmes de loin un

morse qui nous regardait avec de grands yeux étonnés.

Il fit plus clair vers le matin et bientôt le soleil perça les nuages. Nous eûmes la chance de tuer un phoque avant midi, il nous a fourni une soupe nourrissante et des côtelettes. Nous avions fait en tout 6 kilomètres et songions à établir le camp. Nous fabriquâmes une tente avec les voiles de nos kayaks, en posant par terre nos skis que nous recouvrîmes de la toile à voile qui servait à protéger les kayaks. Dans cette tente improvisée, il fait chaud, clair et il y a de l'air.

Nous avons marché aujourd'hui vers le sud-sud-est. Au début, nous distinguions les vestiges des voleurs, mais ils eurent bientôt disparu. Lorsque plus tard je pris la hauteur du soleil, il me sembla voir au loin, à travers le tube de mon sextant, les vagues contours de deux individus. Si nous les saisissions maintenant, nous leur ferions un court procès ; mort ou grâce ? Je ne puis me décider, mais les autres les lyncheraient probablement sans hésiter. Mon sentiment aussi se révoltait contre l'idée de les gracier ; car les scélérats nous ont causé un immense dommage et ont grandi considérablement, par leur honteux délit, les dangers permanents qui nous menaçaient déjà sans cela. C'est à cause d'eux qu'il nous avait fallu abandonner la grande tente, un kayak et un traîneau. Que de fois j'avais répété devant tous que je n'obligeais personne à me suivre ; aucun n'avait donc besoin de me quitter de nuit de si ignoble façon. Dans tout autre cas, j'aurais été prêt à partager fraternellement tout notre avoir, mais ces gens indignes s'en étaient allés à la dérobée, jetant froidement tous leurs compagnons dans le plus grand danger ; car ce n'est pas moi qu'ils avaient dépouillé, mais nous tous sans distinction.

Je ne m'inquiète pas davantage de leur sort ; je voudrais seulement savoir la direction qu'ils ont prise. Ils sont partis sans but car aucun des deux n'avait la moindre idée de notre position ni de celle du cap Flora ou du Spitsberg.

19 juin — Partis à trois heures, nous marchâmes jusqu'à sept et mesurâmes en ces quatre heures la distance respectable de 5 kilomètres. En dépit de l'horizon trouble, nous apercevions l'île très nettement. Et je puis déjà assez sûrement estimer la distance qui nous sépare d'elle ; au plus 10 à 15 kilomètres. Mais je fis plusieurs essais infructueux pour prendre la

hauteur du soleil. Le vent soufflait du S.O. force 5.

Nous nous reposâmes jusqu'à deux heures de l'après-midi, puis continuâmes. La voie était bonne ; nouvelle glace avec peu de neige, et rarement interrompue par des blocs. Avec cela, l'air est agréable, il fait même chaud. Je devance la colonne pour inspecter le terrain et montrer les meilleures places. Les compagnons sont épuisés par les efforts des derniers jours, surtout par les traversées. Mais ils se laissent aussi aller ; leur volonté est faible. Que de fois je les ai surpris, quand ils se croyaient inobservés, à s'arrêter, se reposer ou prendre un bain de soleil. En voyant les immenses étendues de glace lisse, ils s'imaginaient que les obstacles ne reparaîtraient plus et qu'ils n'avaient plus à se presser. Mes exhortations trouvaient peu d'écho. Ils me répondaient tranquillement : « À quoi bon nous hâter ? Nous arriverons bien à temps au but. »

Nous fîmes halte à six heures et préparâmes le souper qui se composait de viande de phoque et de biscuit.

20 juin — Partis de nouveau à trois heures du matin, nous poursuivîmes jusqu'à six heures et

demie du soir. La voie a été très mauvaise en comparaison de celle d'hier, et parfois si misérable que nous ne fîmes que 4 kilomètres pendant tout ce temps. La nuit, il gela avec un épais brouillard. Puis le ciel s'éclaircit et la côte occidentale de l'île apparut distinctement au sud. Mon idée que le mouvement de va-et-vient de la glace est dû à la marée et que le vent du sud l'éloigne de l'île est certainement juste. Mais il est très difficile d'avancer sur un tel terrain, surtout contre le vent. Mes gens recommencent à se plaindre de la charge des kayaks et me proposent de les abandonner en n'emportant que ce qu'ils pourront mettre sur leurs épaules. Je ne puis m'y résoudre et leur répète avec insistance que je laisse chacun libre et n'obligerai personne à suivre mon conseil. Pour ma part, je n'ai nullement l'intention d'abandonner mon kayak et, en cas de besoin, continuerai la marche comme auparavant avec deux ou trois compagnons, sans perdre patience.

22 juin — Ces derniers jours, les chicanes n'en finissaient pas au sujet des kayaks, on entendait toujours le même refrain. Les hommes semblaient se fermer à toute compréhension et oublier que chaque pas nous rapprochait pourtant

de l'île. Il ne s'agit plus que d'une courte distance. Ce ne sont pas, le mauvais chemin, les privations ou la faim qui causent leur mécontentement, ce n'est que de la paresse d'esprit qui paralyse leur activité. Je leur ai une fois de plus expliqué mes intentions du ton le plus calme et ne me laisserai plus entraîner dans aucune discussion. Qui ne se soumet pas à mes arrangements, pourra aller où il voudra.

C'est sous l'impression de ces paroles que nous partîmes aujourd'hui. La voie fut d'abord supportable ; mais plus tard elle se gâta au point que des files entières de glaçons barricadaient le chemin, rendu déjà suffisamment difficile par un dédale de crevasses. Eh bien, malgré ces innombrables obstacles, nous vînmes à bout de 12 kilomètres en ce jour, en deux étapes. Cette marche forcée nous a tant rapprochés de l'île que nous sommes pleins de l'espoir enchanteur d'y aborder demain soir. Cette perspective me rendit la liberté d'esprit et le contentement. Impossible d'exprimer ce sentiment.

Avec cela le temps a été superbe. Le soleil brûlait tant que nous déposâmes nos vêtements de dessus et nos bérets. Dans ce silence de mort, nous percevons nettement la neige qui fond et l'eau enfermée qui gargouille et bouillonne sous la glace. La lumière du soleil est si crue dans son éclat radieux que nos yeux en souffrent fort. L'île est presque à portée de main, inondée de clarté. Rien à espérer de la chasse aujourd'hui : point de flaques et, pourtant, point de phoques. Nous n'entrevîmes qu'un morse qui se prélassait au soleil, mais que notre approche effaroucha aussitôt. Jamais nous ne réussîmes à surprendre ces animaux et, à cet égard, je ne comprends pas le récit de Nansen qui raconte qu'il rencontra souvent des morses si peu farouches et indolents qu'il les faisait bouger rudement avec son bâton de ski pour les mettre dans une position susceptible d'être photographiée.

Nous avons marché jusqu'à onze heures et demie dans la nuit, avec un repos de deux heures au milieu du jour. Notre seul aliment fut la viande séchée emportée de Saint-Pétersbourg et conservée jusqu'à présent. Il ne nous en reste que 2 livres. Nous dressâmes notre camp avec le joyeux espoir de voir le lendemain se réaliser tous nos vœux.

25 juin — Nos beaux rêves de délivrance

proche s'évanouissent brusquement devant la situation désespérée qui se présenta à notre réveil. Nous nous vîmes à 100 mètres de la paroi à pic d'un formidable glacier ; cette paroi s'étendait à perte de vue d'ouest en est, haute d'environ 30 mètres, presque perpendiculaire, de pure couleur bleu clair et toute unie, comme coupée avec un fil. C'est au-dessus d'elle que s'élevait cette surface concave à forme lunaire que j'avais aperçue depuis longtemps avec ma longue-vue et dont l'aspect énigmatique n'avait cessé de me préoccuper.

À vrai dire, c'est déjà le 23 que nous avions atteint la pointe ouest de l'île, dont ne nous séparait plus qu'un cap peu élevé, distant au plus d'un demi-kilomètre. Mais la glace émiettée nous arrêtait net : impossible d'avancer dans de telles conditions. Et un autre obstacle était l'apathie de mes gens. Leur attitude devenait de plus en plus insupportable, à mesure que l'île se rapprochait. Ils ne faisaient plus que se traîner au lieu de marcher vaillamment, se disputaient et s'étendaient longuement sur le sol. Je ne parvenais pas à les secouer ; ils restaient tout à fait indifférents à mes exhortations et semblaient avoir perdu tout intérêt pour ce qui allait nous arriver. Ils se couchaient, regardaient le ciel d'un regard fixe et sans ma persistance à les tirer de leur inaction, ils auraient été capables de rester vingt-quatre heures à la même place dans cet état.

La surface glacée qui nous séparait de l'île était resserrée, mais partout très peu sûre ; nous ne pouvions y avancer qu'avec les plus grandes précautions. Le cap bas ne présentait pas de glaciers. Alors vint le reflux et la glace devint vivante. Pour notre malheur, un vent du S. assez frais s'éleva du cap et se changea bientôt en violente tempête. Sur de grands champs de glace, il n'y aurait guère eu de danger car le vent se serait bientôt calmé et la glace aurait de nouveau été comprimée sous l'influence des marées et des sautes de vent. Mais notre bloc ne faisait qu'environ 8 mètres de diamètre et en peu d'instants le tableau changea à fond. Entre nous et les camarades qui étaient sur un autre bloc s'ouvrit soudain un gouffre large d'au moins un kilomètre, et cette nappe d'eau qui nous séparait se mit à s'élargir à vue d'œil. La tempête poussait la glace vers le nord-est avec une vitesse effrayante. Sur l'eau libre se formèrent des vagues qui brisèrent la glace croulante et nous trempèrent de part en part en jaillissant. En face du danger croissant, nous nous efforçâmes de réunir les kayaks pour traverser l'eau libre si possible, mais nos efforts furent vains. Nos kayaks semblaient des planches impuissantes, des paquets d'eau les submergeaient et des glaçons pointus menaçaient de percer leurs parois. Le cap aussi disparut bientôt de nos regards et la nappe d'eau agitée par les vagues gagna vite en surface d'est en ouest. La paroi du glacier, tout à l'heure si proche, était maintenant bien loin au sud. Nous étions à plaindre. Dans notre impuissance nous ne pouvions que nous envelopper de nos voiles et chercher quelque réconfort dans le sommeil, tandis que le bloc sur lequel nous reposions pouvait être mis en pièces d'une minute à l'autre. Nous étions livrés sans recours aux sombres forces du destin…

Cependant la tempête s'apaisa vers le soir et à onze heures le reflux pressa de nouveau la glace contre l'île ; mais nous étions encore à 8 milles du cap bas. Au moins, les quatre camarades auparavant si écartés de nous purent nous rejoindre. Nous nous trouvions alors dans une véritable souricière, assiégés de glace en blocs ; le cap, présage du salut, avait disparu et devant nous se dressait, sur une hauteur de 30 mètres, l'inaccessible paroi du glacier.

Un peu de biscuit et d'eau chaude nous rendit quelques forces après cette effroyable aventure ; mais nous restâmes tous très affaiblis et non moins inquiétés par l'épuisement de nos provisions : il ne nous reste que 6 livres de biscuit, 1/2 livre de viande séchée et 2 livres de sel. Qu'est-ce pour tant de monde et dans une si rude épreuve !

Phoques et ours ont absolument disparu et nous ne pouvons atteindre les oiseaux, puisque nos coquins de camarades nous ont ravis notre seule arme à plomb. Cette toute nouvelle complication me fait bouillir. Je suis réduit à mes seuls moyens, n'ayant aucun recours à attendre de mes compagnons. Il y a longtemps qu'ils ont perdu la tête !

Pour comble de malheur, ma santé est compromise ; depuis une série de jours, je me sens mal et souffre de palpitations cardiaques…

Cheminement sur la banquise.

Membres de l'expédition Jackson à côté du cairn qu'ils viennent d'ériger au cap Mary Harmsworth le 7 août 1897.

Chapitre VIII

Sur la Terre Alexandra

28 juin — J'ai dû négliger mon journal deux jours pleins, faute du temps et du calme nécessaire pour confier au papier les innombrables impressions des dernières quarante-huit heures. Peut-être aussi avais-je des occupations plus importantes, toute la responsabilité reposant sur mes épaules.

Grâce à Dieu, notre situation s'améliora inopinément. Je viens de relire mes notes du 24 et de revivre l'état désespéré où nous nous trouvions. En vue du port nous perdîmes courage à la dernière heure, ne pouvant deviner que devant nous s'ouvrirait une porte, sur le seuil de laquelle toutes nos misères se dissiperaient comme un mauvais rêve.

Dès ce soir-là, si critique, notre sort s'était amélioré, sans que nous puissions entrevoir le miracle…

Car nous voilà sauvés et assis ensemble sur le sol solide d'une île. Quelle sensation étrange de se savoir tout à coup en sûreté, après avoir passé deux ans sur une glace branlante, dans la tempête et le froid, guetté par des dangers sans nombre ! Et tout cela est vrai, pas de mirage, nous voyons la terre, les pierres, la mousse ! Nous avons pu apaiser notre faim et sommes plus que rassasiés. Vingt-sept grands eiders gras pendent à nos skis, attendant la marmite. Et depuis notre débarquement, il y a deux jours, nous avons consommé plus de deux cents œufs d'eider, un grand tas est en réserve à côté de nous, et nos chasseurs sont en chemin pour rapporter un nouveau butin et recueillir de nouveaux œufs. Nous nous sentons comme transportés au pays de Cocagne et nos cœurs débordent de gratitude envers le bienveillant destin qui nous a conduits sur cette rive du salut.

Maintenant je vais raconter comment tout s'est passé !

Le 25, comme notre situation avait si subitement empiré et que nous étions près du désespoir, je n'osais plus moi-même attendre d'amélioration. Il ne nous restait d'autre alternative que d'essayer d'atteindre le cap bas, à 8 milles environ à l'ouest et de forcer avec nos kayaks le passage à travers la glace en débris — quoique je ne pusse croire à cette possibilité — ou d'attendre sur place l'inévitable mort par inanition. Je réfléchissais et soupesais tout sans cesse…

Alors me vint soudain une autre idée de salut possible. Je me mis à considérer avec la plus vive attention l'abrupte paroi du glacier, avec l'espoir secret de trouver tout de même un endroit accessible et d'apprendre ce qu'elle cachait. Et en effet, après de longues recherches, je découvris tout près de nous un passage salvateur.

Il y avait là une fente large d'environ 2 mètres qui prenait toute la paroi depuis le bas, vieille et toute pleine de neige, semblable à une gouttière. J'y fis d'abord creuser des marches à la hache et, comme points d'appui, nous enfonçâmes les harpons dans la paroi. La tentative eut plein succès et nous franchîmes ce puissant obstacle. Nous amenâmes à grand-peine nos traîneaux au pied de cet escalier improvisé et les hissâmes lentement sur le glacier avec toute notre fortune. À peine notre dernier kayak était-il en sûreté, que le bloc que nous venions de quitter s'écroula et s'éloigna de l'île. Cela nous importait peu désormais, et pourtant il ne s'était agi que de quelques minutes. On devine avec quels sentiments je contemplais d'en-haut la glace en mouvement, à laquelle nous étions tout à l'heure encore si intimement unis, aux caprices de laquelle nous étions absolument livrés ! Deux ans durant nous avions presque fait corps avec le désert blanc au point que parfois nous oubliions tous ses effrois. Et c'est enfin cette glace aussi qui, jusqu'à présent, nous avait maintenus en liaison avec le Santa Anna, dont 300 kilomètres nous séparaient et que nous avions quitté depuis deux mois et demi. Maintenant nous échappions définitivement au domaine de la mort blanche. Lorsqu'alors, du haut du glacier, nous dominâmes à perte de vue ses étendues majestueuses sans avoir à les redouter, la puissance mystérieuse, dont un miracle nous avait délivrés, perdit toute son épouvante. Celles-ci pâlissaient déjà dans notre souvenir, comme quelque chose d'irréel, comme, en dépit de toutes les infortunes, nous allions poser le pied dur la « terre du salut »...

Sur le glacier même, nous fîmes une soupe

nourrissante avec le reste de notre viande séchée, mangeâmes notre biscuit, puis nous nous hâtâmes vers le cap qui émergeait de la mer à l'ouest. Il n'y avait pas de temps à perdre, car nous avions fini toutes nos provisions, et il fallait se fier à la chance de la chasse, que nous ne pouvions espérer qu'au cap. Car sur notre glacier tout était aussi mort que dans la lune, à laquelle il ressemblait tant de loin.

Je pris les devants avec Lounaiev, à ski, n'emportant qu'un fusil et des cartouches. J'avais recommandé instamment aux six autres de suivre sans retard nos traces avec un kayak et un traîneau. Je les quittai en leur rappelant que tout délai serait dangereux, puisque la disette nous attendait dès le lendemain. Mais cette fois encore ils firent peu cas de mon ordre, bien que nous ne puissions savoir quelles surprises désagréables nous étaient peut-être encore réservées.

La surface du glacier ressemblait à une piste unie comme un miroir, recouverte de neige ; le traîneau y avancerait sans peine. J'avais attiré l'attention de mes gens sur les fissures dangereuses qui pourraient se trouver cachées sous la neige, leur avais enjoint une extrême prudence et conseillé de s'attacher ensemble par une corde. J'ai fait de même avec Lounaiev ; notre corde faisait 40 mètres de long mais pour mieux apercevoir ces crevasses, nous enlevâmes les anneaux à l'extrémité des skis. Nous courions dans le brouillard qui recouvrait le glacier et franchîmes de nombreuses fentes, peu larges par bonheur, donc sans danger.

La pente du glacier vers l'ouest était insignifiante. Partout silence de mort. L'air était tranquille et tiède, sans oiseaux et nous ne rencontrâmes aucun animal dans notre marche solitaire ; la comparaison du glacier avec une île lunaire était parfaite. Tout à coup la pente devint plus forte et bientôt le cap apparut à nos pieds. Émus comme on peut le penser, nous accélérâmes notre mouvement et nous lançâmes dans la vallée. La langue de terre s'avançait encore loin dans la mer, comme haut-fond couvert de pierres. Il restait de la neige par endroits et l'eau courait à la mer en torrents gargouillants. Nous n'étions plus sur le glacier ; la terre reprenait définitivement possession de nous !

Nos oreilles bourdonnèrent, nos yeux voilés nous firent mal, nos sens et notre esprit étaient, à ce moment fortuné, assaillis par tant d'impressions que nous pensions vivre un conte de fées. Et pourtant tout était vérité, réalité ! Nous avions de la terre sous nos pieds, non de la glace vacillante. De la lumière et des sons voltigeaient autour de nous ; nous voyions des rayons multicolores et percevions de merveilleuses mélodies dans les airs. Nous buttions souvent contre des pierres, nous enfoncions dans un sol marécageux, ou foulions une mousse molle et luxuriante. Le silence du désert glacé, que n'interrompait que rarement le cri strident des mouettes était remplacé ici par un bruit assourdissant qui nous ravissait d'aise. Les échos imposants d'une vie variée se répercutaient autour de nous. D'innombrables oiseaux fendaient l'air, nous entendions leurs appels, mais notre œil aveuglé n'avait pas la force de les voir. C'était une musique faite d'accords solennels, l'hymne de la vie, l'hymne de l'être ! Les différentes voix d'oiseaux s'unissaient en une symphonie frémissante et nous nous demandions presque si ce merveilleux concert qui résonnait à nos oreilles provenait réellement des chanteurs ailés…

Nous essayâmes lentement de nous familiariser avec notre entourage et pûmes bientôt reconnaître quelques espèces d'oiseaux. Il y avait là des eiders, des mouettes, goélands, mergules et combien d'autres ! Ils étaient réunis en bandes autour des mares, ou volaient dans les airs en épais essaims, semblables à des nuages et se perdaient dans des lointains que nos yeux voilés distinguaient à peine. À un endroit tout près de l'eau se montraient aussi des phoques et des morses. Nous les approchâmes avec beaucoup de précaution, pour ne pas les effaroucher. Mais notre vue nous avait leurrés : tout près, nous ne vîmes que... de grosses pierres ! Nous poursuivîmes aussitôt nos investigations pour faire aussi prompte connaissance que possible avec notre nouveau séjour. Éblouis par l'éclat du soleil, nous mettions le pied dans des mares, passions des gués, jouissions de la vue des innombrables petites pierres qui reluisaient à la lumière, et étions enchantés par chaque algue marine, par chaque brin de mousse. Et soudain nous aperçûmes de petites fleurs jaunes. Des fleurs ! Que de temps nous fûmes privés de leur aspect ! Et voilà qu'elles nous saluaient de nouveau dans leur chaste splendeur séduisante !...

Peu après un oiseau s'envola entre nos pieds comme sortant de terre. Surpris, nous regardâmes autour de nous ; c'était un eider qui quittait son nid, dans lequel nous découvrîmes quatre grands œufs, plus grands que des œufs d'oie. Quel bonheur ! Nous n'aurons plus à souffrir de la faim dans cette terre promise. Et bientôt nous trouvions dans tous les environs une masse de nids. Notre joie débordante nous fit oublier toutes les privations et peines passées. Ce petit coin de terre au-delà du cercle polaire, au 81°, nous sembla un paradis avec ses richesses. Le soleil répandait une lumière amie et les oiseaux nous souhaitaient la bienvenue de la plus agréable façon.

Nous continuâmes vers l'ouest. Derrière nous trônait majestueusement le glacier de Worcester dans un léger voile de brouillard.

Pas trace de nos deux fuyards ! Le reflux avait de nouveau écarté la glace de l'île et une vaste barrière liquide se formait entre les deux ; Lounaiev aperçut trois eiders en vol. Il tira, manqua et fit un trou dans l'air.

Mais ce coup de feu éveilla un singulier écho. N'était-ce pas l'appel d'une voix humaine ? Nous hésitâmes un instant, tout bouleversés. Qu'était-ce ? Des hommes habiteraient-ils ici ? Pas de doute : un deuxième cri suivit le premier. C'était un cri humain. Seul un homme en détresse est capable de crier ainsi. Nous écarquillâmes nos yeux et, en effet, un homme courait à toutes jambes, criant et agitant son béret. Lorsqu'il fut bien en vue, nous reconnûmes en lui avec stupeur… un de nos deux voleurs. Il s'approcha, pleurant et gémissant, implorant sa grâce. Il confessa toute sa faute et celle de son compagnon et s'accusa de la plus honteuse trahison. Son visage peignait une angoisse mortelle et le repentir au point que nous dûmes détourner les yeux. Nous nous regardions d'un air interrogateur, puis tînmes un bref conseil pour décider de notre conduite à son égard. Toute leur indigne perfidie remplit de nouveau instantanément notre souvenir et nous fit frémir. J'entendis à mon oreille le serment que j'avais fait « d'abattre ces misérables de ma propre main partout où je les rencontrerais ». La colère d'alors reprit possession de moi… Puis je dévisageai l'individu de plus près : son aspect était si pitoyable et ses supplications fendaient l'âme… Et je songeai au miracle du sort qui nous avait délivrés de l'étreinte de la glace éternelle ; je venais de ressentir moi-même au fond de l'âme la beauté de la terre et de la vie comme quelqu'un qui ressusciterait d'un long sommeil de mort… Sous l'impression subjuguante de ce sentiment, je me décidai à faire grâce. Si je les avais rencontrés peu d'heures avant, sur la glace, j'aurais exécuté sans rémission le châtiment qui, seul, pouvait expier leur crime!

Le pauvre diable nous remercia avec des larmes de joie et se jeta à nos pieds. Lorsque les deux gaillards avaient entendu siffler les balles, ils avaient compris que l'heure de la vengeance était venue et ils s'étaient mis à appeler.

Nous nous fîmes aussitôt mener à leur « antre ». C'était, à vrai dire, une simple fosse qu'ils habitaient comme des bêtes. Ils avaient allumé un feu; alentour gisaient de nombreuses peaux d'eiders qu'ils avaient mangés et, à côté, des œufs frais. C'est là que nous retrouvâmes l'autre voleur. Il sembla deviner que nous leur faisions grâce de la vie qu'ils avaient mille fois mérité de perdre. Il était méconnaissable et avait dû souffrir beaucoup pendant son escapade. Il avait l'air très malade, bien que neuf jours seulement se fussent écoulés depuis leur fuite. Je m'enquis de son mal, mais il ne répondit pas. De toute évidence, il souffrait cruellement. Puis, il dit pour m'apaiser: « Je serai bientôt guéri. Monsieur le pilote, continua-t-il, jamais je ne vous quitterai plus. »

Nous étions de bonne humeur et pleins d'entrain. Aucune pénurie ne nous menaçait ici. Du bois flotté se trouva en abondance et bientôt un feu joyeux pétilla.

Les « troglodytes » nous invitèrent à souper et nous offrirent des œufs brouillés cuits à la graisse d'eider dans une poêle émaillée. Les camarades infidèles nous racontèrent aussi qu'ils n'avaient rien touché ou anéanti de ce qu'ils avaient dérobé ; ils n'avaient consommé que le biscuit. Par bonheur, la boîte soudée, contenant les documents et notre correspondance, était encore en leur possession et intacte, bien qu'ils aient souffert d'un grand manque de récipients. Les œufs brouillés furent trouvés excellents, bien que non salés, et nous restâmes encore longtemps auprès du feu confortable dans une causerie animée.

Les voleurs parlèrent de leur voyage : une nuit, ils furent tirés rudement de leur sommeil par la visite d'un ours, mais ils avaient vite repris leurs esprits et logé encore à temps dans la tête de l'agresseur une balle qui l'avait étendu mort. Son crâne était près du feu comme trophée de chasse.

L'excès et la succession rapide des impressions et des pensées qui nous assaillaient chassa tout sommeil. Nous forgeâmes toutes sortes de plans d'avenir en réfléchissant à ce qu'il y avait à faire d'abord...

Mais on ne voyait et n'entendait toujours rien des six autres, qui auraient dû être là depuis longtemps avec le kayak et le traîneau. Un des deux délinquants avait déjà grimpé deux fois sur le glacier pour chercher les retardataires et les mener à notre gîte nocturne, mais était revenu les deux fois seul. Ce n'est qu'à cinq heures du matin que finalement nous nous étendîmes et tombâmes dans un léger sommeil.

26 juin — À midi, Lounaiev et l'un des deux autres remontèrent sur le glacier et découvrit le tableau suivant, tout à fait idyllique : en haut se trouvait un traîneau couplé à un kayak à bord duquel, protégés par les voiles, les six étaient plongés dans un sommeil insouciant. Réveillés aussitôt, ils avouèrent être là depuis six heures du soir, en vue du cap, qui les touchait presque, sans être le moins du monde impressionnés par leur paresse chronique. Ils n'avaient pas bougé et le vent avait emporté tous mes bons conseils. Rien ne pouvait les exciter, ils ne voulaient que dormir, sans s'inquiéter de savoir s'ils auraient à manger le

lendemain. Ils se seraient déjà arrêtés plus tôt ; mais la crainte de n'être pas retrouvés les avait pourtant décidés à pousser jusque-là. À huit heures du matin, ils s'étaient réveillés de leur long somme, s'étaient partagé les derniers biscuits et s'étaient recouchés aussitôt. Par bonheur, Maximov n'avait tout de même pas négligé de remonter le chronomètre. C'était le comble de l'indolence et de l'abrutissement. Je n'étais pas content qu'on les eût réveillés. N'aurait-il pas été intéressant d'apprendre combien ils voulaient encore dormir et quand ils jugeraient nécessaire de se lever, de quitter le glacier, d'aller à terre pour jouir de leur délivrance et songer à leur ravitaillement. J'ai essayé si souvent, et toujours en vain, de sonder leur mentalité ; je sais seulement qu'il est infiniment pénible d'être impliqué avec de telles natures dans une entreprise pleine de périls. Ils sont toujours autour de vous, on les voit, mais c'est tout. Souvent il vaudrait mieux ne pas les voir car ils ne sont d'aucun secours, plutôt à charge et élèvent de plus des prétentions tout à fait injustifiées. Dans les moments les plus critiques, j'étais pourtant seul et éprouvais la profonde vérité du précepte : « C'est quand tu es seul que tu es libre.

Si tu veux vivre, combats pour cette vie autant que tu en auras la force et la volonté. Si tu n'as personne à aider dans cette lutte, personne non plus ne s'accrochera à toi et ne t'entraînera dans l'abîme, alors que, seul, tu pourrais encore nager vigoureusement ». Ce n'est pas là nullement, comme il semble, l'évangile de l'égoïsme. Mais il y a dans la vie de l'individu des cas où les mots du poète « l'homme fort n'a toute sa force que quand il est seul », gardent toute leur valeur.

Après que la viande d'eider et les œufs d'oiseau emportés par Lounaiev eurent rendu à mes fainéants des forces pour « une nouvelle activité énergique », ils se mirent enfin en route et nous rejoignirent vers neuf heures du soir. Lorsque je leur reprochai leur indolence, leur lenteur et leur manque de conscience au service d'une grande idée, ils se turent d'abord, puis chacun rejeta la faute sur le voisin. Que de preuves déplaisantes de ce manque de caractère et de tout sens du devoir et de la responsabilité ils m'avaient déjà fourni ! Ils semblaient vouloir rivaliser entre eux à prouver leur nullité. Où on leur demandait un suprême effort, du dévouement et de l'énergie, ils ne savaient donner que du bavardage.

27 juin — J'envoyai de bonne heure quatre hommes au glacier pour ramener le deuxième traîneau avec le kayak, je chargeai les autres de compléter l'installation du camp et de nous approvisionner en volailles et en œufs, et je pris moi-même le fusil sous le bras pour faire une reconnaissance et apprendre où nous étions. Car sur ma carte je ne voyais pas de terre répondant à la forme et à la nature de notre nouveau séjour. Je tâtonnais dans les ténèbres et aurais tant voulu savoir !... Vers le sud, cette langue de terre libre de glace représentait une partie d'une grande région couverte de glaciers. Le côté nord était très bas, mais vers le sud les hauteurs augmentaient, la rive sud elle-même était rocheuse et dominait d'environ 20 mètres le niveau de la mer. La largeur de la langue de terre était d'environ 20 à 25 kilomètres. J'atteignis la rive sud après une marche de plus de deux heures. Les rochers étaient presque partout sans neige ; l'eau se précipitait vers la mer en ruisseaux bruyants. Quel beau tableau se déroulait devant moi : la vaste mer bleue s'étendait jusqu'au bout de l'horizon. Seuls quelques glaçons isolés, passablement rongés par les eaux, flottaient par-ci par-là. Dans cette magnifique nature, on

s'attendait tout de même à trouver des marques de la vie humaine, et l'œil cherchait involontairement sur la mer des bateaux à voiles ou des vapeurs aux cheminées fumantes. Tout cela aurait fait très bien dans le paysage.

Vers l'ouest et le sud-ouest il y avait aussi un bras de mer libre de glace. J'étais sûr à présent que si, dans la période critique, le brouillard avait caché quelques jours de plus « l'île lunaire », à mes regards, nous aurions infailliblement été entraînés avec les glaçons en haute mer, et que jamais nous n'aurions pu gagner le Spitsberg.

Mes pensées vont maintenant souvent vers le fier Santa Anna et ceux qui y sont restés. C'est ici qu'il devrait être, échappé à tout danger… Avec ses voiles il trouverait sans le secours des machines son chemin à travers les vagues de la puissante mer. Le vent cinglant et glacial venant du glacier me faisait presque perdre l'équilibre et me força finalement à battre en retraite. En chemin, je tirai encore deux eiders. À midi je me fis un bon plat d'œufs brouillés.

Les œufs ne manquaient pas ; je n'avais qu'à étendre la main sur quelques-uns des innombrables nids. Les chasseurs revinrent en même temps que moi, vers cinq heures, avec un butin de treize eiders. Cette expédition fit faire une découverte extraordinaire à Konrad et à Shpakovsky qui poussèrent jusqu'à l'extrémité sud-ouest de l'île. Près de la mer, un tas de pierres attira leur attention par sa forme régulière. En s'approchant, ils trouvèrent une bouteille de bière avec des bouchons à vis patentés. Ils soupçonnèrent une cachette, enlevèrent les rangées de pierres étagées avec soin et mirent au jour une boîte de fer-blanc contenant un pavillon anglais encore en excellent état. Sous la boîte, une bouteille avec un billet qui portait ces mots :

« L'expédition polaire Jackson-Harmsworth aborda à ce cap — cap Mary Harmsworth — le 7 août 1897, après avoir quitté la veille le cap Flora à bord du yacht Windward. Nous avons l'intention de pousser avec notre vaisseau vers le nord-ouest, pour nous assurer s'il y a des terres dans cette direction et puis, si possible, pour atteindre les îles Johannesen. Tout va bien à bord. »

« Frederick G. Jackson,
Commandant de l'expédition. »

Je ne sais que peu d'anglais, mais avec un petit dictionnaire que j'avais emporté et le secours de Nilsen, nous avons pu traduire ce message.

Voilà donc tous mes doutes éclaircis, bien plus vite que je n'eusse pu l'espérer. Nous sommes au Cap Harmsworth, pointe sud-ouest de la Terre Alexandra. Et je comprends aussi pourquoi ma carte n'en indique les côtes ouest et nord qu'en pointillé. Par bonheur, le nom de la terre y était, et la côte sud si importante pour la suite de notre voyage, s'y trouvait tracée.

Aujourd'hui, 80°35'. Nous comptons marcher demain vers cette côte sud et poursuivre ensuite le voyage par terre aussi vite que possible vers le cap Flora et le home du célèbre explorateur anglais. Il me semble que nous sommes sur une grande ligne de communication y aboutissant. Nos provisions feront largement cinq jours, qui pourront nous mener loin.

Le cap Neale.

Chapitre IX

La funeste équipée vers le Cap Flora

30 juin — Nous avons levé notre camp du cap Harmsworth hier matin vers neuf heures pour gagner la côte sud dans la direction du cap Flora. Nous quittions à contrecœur cette rive hospitalière ; nous nous y étions trouvés si bien après ces dures semaines. Sans espoir de trouver au cap Flora un abri confortable, nous aurions peut-être séjourné quelque temps sur ce cap si accueillant. Nous pouvions même y hiverner sans crainte de privations.

Une marche de deux heures, agrémentée du tir de quelques eiders, nous mena à la côte sud. Nos deux kayaks avaient été remis en bon état. Ils avaient maintenant une double couverture de toile à voile imbibée fortement d'huile de poisson. Outre sa charge, mon kayak portait commodément deux hommes, l'autre trois. Nous avions l'alternative d'aller tous les dix à pied le long du glacier en tirant les traîneaux avec les kayaks, ou de former deux détachements, dont l'un longerait la côte à ski, tandis que le deuxième irait par eau d'un cap à l'autre. C'est ainsi que nous avancerions le plus vite, avec la perspective d'abattre en chemin quelques chiens de mer. Après mûre réflexion, nous nous décidâmes donc pour le partage et fixâmes comme lieu de rendez-vous le cap Lofley, visible à l'ouest de la baie Weyprecht. Avant de m'embarquer, je recommandai la plus grande prudence à ceux qui chemineraient, à cause des nombreuses crevasses du glacier. Je les mis en garde, dans leur propre intérêt, contre l'insouciance et l'inattention. Tous nos bagages furent casés dans les deux kayaks, de sorte que les skieurs n'avaient à porter que leurs légers sacs à vivres.

À peine avions-nous quitté le bord qu'un morse vint nous attaquer. Je lui envoyai une balle à temps et il disparut aussitôt dans les flots. Nous avancions bien et ceux sur le glacier de même ; je pouvais les suivre des yeux. Notre traversée fut encore menacée plusieurs fois d'être arrêtée inopinément par des morses. Il s'agissait de faire bien attention et d'être tout prêt, car le lieu était peu propice à un combat. Nous étions nettement en désavantage, j'avais à main gauche une paroi à pic haute d'environ 30 mètres, tandis que devant nous, à droite, la mer s'ouvrait sans beaucoup de glaces flottantes.

Arrivés vers onze heures du soir au cap Lofley nous ne pûmes y aborder, l'accès de la baie étant encore barré par la glace. Nous nous installâmes sur le rebord de celle-ci et allumâmes un feu avec le bois flotté apporté du cap Harmsworth. Entre-temps, les skieurs arrivaient aussi. Nous avions fait au moins 40 kilomètres. Si nous pouvons garder cette allure, nous serons au cap Flora dans quatre jours au plus tard. Sur le glacier, les skieurs avaient découvert plusieurs fois des traces d'ours, mais non les bêtes elles-mêmes. Je regrettai le sacrifice nécessaire du troisième kayak; sans cela nous aurions pu en coupler deux et voguer tous ensemble le long du rivage, affranchis de cette gênante séparation.

Je viens d'observer encore quelques morses. Ils sortent souvent la tête de l'eau. Mais ils ont l'air plus repoussants qu'on ne croit. La tête et le cou forment des plis boursouflés; aux lèvres et autour du museau pendent de longs et gros poils isolés, formant une sorte de moustache. Mais le plus curieux, ce sont les petits yeux injectés de sang, au regard étonné et menaçant, agressif même. Les grandes défenses prêtent à l'animal quelque chose d'antédiluvien, qui lui a valu la réputation de ne se nourrir que de chair humaine. En émergeant des flots, ils soufflent et halètent bruyamment ; et quand on entend ces sons, on porte involontairement la main à son fusil. Il n'est pas douteux qu'en eau libre ils constituent un très grave danger pour de petites embarcations. Sur la glace, ils ont l'air plus inoffensifs, mais étonnent par leur taille gigantesque. Un frappant exemple de comparaison est donné par le lourd hippopotame, qui produit aussi au premier abord un effet terrifiant.

En kayak, je m'attendais toujours à des attaques de morses et tenais tout prêt un fusil chargé, attaché à l'embarcation par une longue corde. J'avais aussi une hache sous la main, quoique peu convaincu de l'utilité de cette arme dans une attaque subite. Un morse est, dans l'eau, un redoutable adversaire, surtout quand, comme nous, on navigue dans un kayak en toile de voile long d'environ 3 mètres. L'ours n'est certes pas un gaillard sympathique, mais en comparaison du morse, on a le droit de l'appeler inoffensif. Aussi tous mes compagnons n'étaient-ils pas enthousiasmés d'aller en kayak, et ainsi il était bon tout de même qu'ils eussent le choix.

Le paysage qui s'offre à nous est assez monotone, un glacier après l'autre. Très rarement la neige laisse percer des parties rocheuses sombres. Il me semble impossible que toute la Terre Alexandra présente la même scène uniforme. Si c'était pourtant le cas, il faudrait baptiser le cap Harmsworth « terre promise ».

1er juillet — hier nous continuâmes vers les dix heures du soir. La plupart de mes gens se laissaient de nouveau aller, et leur invincible besoin de sommeil l'emporta encore cette fois. Je prie, exhorte et ordonne, mais sans grand succès. Je prodigue toute mon éloquence pour convaincre ces « flemmards » qu'il faut nous hâter pour ne pas être surpris par le vent du S. qui obstrue la mer de glaçons. Puis nous avons bien trop peu de réserves de vivres pour pouvoir nous permettre de longues haltes. D'ailleurs ne partîmes-nous pas du cap Harmsworth bien reposés et avec de nouvelles forces ? La joie d'une chance inattendue ne dure pas longtemps chez ces gens ; ils ne réclament jamais rien d'eux-mêmes et ne font en grande partie que suivre le mouvement. Tous penchaient de nouveau la tête et leurs visages exprimaient le désespoir. Que n'ont-ils fait une expédition au pays de Cocagne !

Quelques-uns sans doute sont un peu affaiblis, surtout le matelot Archireiev, qu'il faut presque traîner, et je dois déjà recourir à des mesures draconiennes. Ce n'est que sous la menace d'être privé de nourriture qu'il consent à nous suivre. Quelle misère !

Lounaiev, Goubanov, Smirennikov, Regald et Archireiev prennent le chemin par la terre, le reste est en kayak. Nous devons nous retrouver au cap Neale sur la Terre du Prince George, que la large baie de Cambridge sépare de la Terre Alexandra. Ayant maintenant le courant contre nous, nous devions ramer vigoureusement pour ne pas rester en arrière des piétons. Arrivés à la baie, dont la glace tenait encore, nous longeâmes celle-ci pour ne pas perdre de vue l'autre troupe, qui pouvait rencontrer de gros obstacles. Et d'ailleurs les morses étaient à craindre, si nous nous aventurions plus avant dans l'eau libre. Je hissai une voile et m'en trouvai bien ; l'autre kayak ne pouvait le faire faute de mât. Ces étourdis l'avaient brûlé dans leur campement si superflu sur le glacier. De telles folies s'expient toujours dans des circonstances aussi anormales : leur punition fut de devoir ramer péniblement. S'ils n'étaient pas si inertes d'esprit, ils auraient remplacé le mât par un bâton de ski ! L'O. souffle assez fort pour soulever de hautes vagues.

Arrivés au cap Neale, à dix heures du soir, nous demeurâmes dans une baie abritée. Ce cap se compose d'un rocher plat incliné vers la mer et couvert de mousse verte. De nombreux ruisseaux se précipitent dans la mer en sifflant et bruissant. De raides parois de basalte protègent le rocher de deux côtés ; la paroi extérieure se termine en un glacier escarpé. À peine avions-nous posé pied à terre qu'un vacarme infernal vint frapper nos oreilles, comme au cap Harmsworth. Mais ici le bruit était plus perçant, plus insupportable ; il faisait mal aux oreilles. C'était comme si de mauvais esprits se démenaient entre les rochers pour marquer leur colère contre ces intrus. Mais nous ne réussîmes pas à voir les bêtes, elles ne ressortaient pas sur le fond obscur.

Ce n'est qu'en essaims épais qu'elles se détachaient sur le bleu du ciel sous l'aspect de nuages, présentant un fourmillement unique sans possibilité de discerner le moindre détail et semblables de loin à une masse de mouches bourdonnantes. Quelle sorte d'oiseaux était-ce ? Sauf erreur, j'ai cru pouvoir reconnaître, en y regardant de bien près, des mouettes, canards plongeurs, albatros, etc. On aurait pu recueillir toute une cargaison d'œufs, mais l'entreprise eût été risquée ; il aurait fallu des jours d'acrobatie pour escalader le glacier à pic, et la descente n'eût pu se faire qu'à la corde…

Nous voilà ici depuis deux jours, et l'autre troupe n'est pas encore là. Je me torture le cerveau sur la cause de ce long retard inexplicable. Auraient-ils encore, comme au glacier de Worcester, été surpris tout près du but par leur besoin chronique de repos ? Je les crois capables de tout. Ils avaient emporté leurs fourrures. J'ai envoyé Maximov et Konrad à leur recherche. Il s'est levé un vent frais qui pousse la glace vers la baie.

Les deux émissaires sont revenus à six heures du soir, après avoir marché sept heures sans voir la moindre trace des absents. Quelques heures plus tard, nous entendîmes du bruit, sortîmes et les vîmes ; ils n'étaient que quatre, et dirent que les forces d'Archireiv avaient diminué d'heure en heure depuis hier, de sorte que bientôt il ne fut plus en état d'avancer, tombant à chaque pas et se plaignant fort de maux d'yeux et d'oppression des poumons. Il finit par ne plus répondre. Persuadés qu'il allait mourir, et incapables de le porter, ils durent camper.

Le lendemain matin, le malheureux agonisait. De peur de ne pas nous rattraper, ils avaient dû abandonner le moribond et se hâter de gagner le cap Neale. Ils avouaient avoir vu dans les environs beaucoup de traces d'ours. Et c'est dans ces conditions qu'ils avaient laissé le pauvre être sans secours ! Ce procédé brutal m'irrita d'abord ; puis je me dis qu'il était impossible d'emporter le mourant et que nous-même ne pouvions l'aider. L'événement était fort douloureux, mais il fallait bien nous résigner à l'inévitable. Néanmoins, après que les quatre se furent réconfortés avec une soupe nourrissante, je les renvoyai avec un traîneau à l'endroit où gisait leur camarade.

2 juillet — Ils revinrent à dix heures, annonçant que le décès était survenu dans l'intervalle. Ils avaient d'abord voulu transporter le corps de la glace sur la terre, mais comme la glace était en mouvement, ils avaient dû y renoncer.

La maladie de trois hommes me contraint de changer l'équipage des kayaks et d'y mettre Lounaiev, Shpakovsy et Nilsen, qui souffrent d'enflures aux pieds et d'accès scorbutiques. Les piétons sont donc à présent Maximov, Regald, Goubanov et Smirennikov. Je confiai le commandement au premier de ces quatre et lui donnai des instructions précises suivant ma carte. Ils devaient partir après notre embarquement, avec un fusil à chargeur, soixante-dix cartouches, un seau et cinq eiders cuits. Le temps s'améliorait, le vent tournait au N. Rendez-vous au cap Grant.

3 juillet — Nous sommes partis à midi. Ce fut un supplice, jusqu'à ce que nous eussions gagné l'eau libre à travers la glace accumulée par le vent. Nos coquilles de noix prirent leur course vers le cap Grant distant de 25 à 30 kilomètres. Le vent défavorable ne nous a pas empêchés de mettre la voile. On avait remplacé le mât manquant par des bâtons de ski. Les deux bateaux avançaient bien,

quoiqu'un vent froid et cinglant et les fortes vagues rendissent la navigation peu agréable. Nous dûmes souvent ramer pour nous réchauffer. Les morses nous firent trois visites peu désirées. Leurs attaques furent chaque fois repoussées. L'assaillant isolé se montrait d'ordinaire à la distance de 50 mètres hors de l'eau, soufflait bruyamment et nous suivait des yeux. Tout à coup il plongeait et nous pouvions le voir sous l'eau se pencher sur le côté, en se dirigeant vers nous, pour nous heurter avec ses puissantes défenses. Aussitôt nous saisissions nos fusils et apprêtions nos rames pour en frapper l'ennemi, qui essayait d'éviter nos coups et restait finalement tout de même à quelque distance. C'est d'ordinaire à ce moment que nous lui envoyions une balle qui arrêtait sa poursuite.

Nous traversâmes la baie Gray et allions nous diriger sur le cap Grant, quand s'éleva soudain un violent vent du N.E. qui, sous l'influence du courant, menaça de nous entraîner en haute mer. Il règne évidemment un très fort courant entre le cap Grant et les îles Bell et Mabel. Quelques secondes nous éloignèrent d'environ 4 milles du cap. Il fallut carguer les voiles au plus vite et ramer de toutes nos forces. Ce n'est que vers cinq heures du matin que nous atteignîmes la glace qui bordait le cap. Mais même pendant cette course éprouvante, nous tirâmes cinq canards plongeurs que nous dévorâmes tout crus avec un peu de sel.

Et nous voilà tous les cinq assis à l'abri d'une très haute paroi de rocher, d'où descendent des glaciers à droite et à gauche, et où comme au cap Neale, nichent d'innombrables oiseaux.

Quoique notre voyage nous ait pris dix-sept heures et que nous soyons ici depuis un jour, nous attendons encore les piétons. Trempés jusqu'aux os, nous ne réussissons pas à nous sécher, vu le temps humide. Cela est peu fait pour nous relever le moral. À l'aube, Nilsen et Konrad voulurent mener les kayaks à une place plus tranquille. Le premier fut chassé par le vent vers la mer dans son embarcation et nous dûmes lui porter le plus prompt secours dans l'autre Kayak.

Nilsen était si malade et si indifférent qu'il s'abandonnait au courant presque sans résister, ne ramait même pas et, malgré le danger, resta assez apathique même quand nous vînmes à son aide.

4 juillet — Temps abominable. Fort vent d'E. avec froid sensible et de la neige. Nous attendons patiemment le retour des autres. Le ciel s'éclaircit

pendant la nuit, de sorte que nous aperçûmes tout près, vers l'E.N.E., une île rocheuse qui doit être une des îles Bell. Le détroit qui la sépare de la Terre du Prince George n'est pas encore libre de glace. Une deuxième île apparut un peu plus loin, sans doute l'île Northbrook, qui porte au cap Flora le home du célèbre Jackson. Nous ne pouvons être déjà si près du but, et pourtant, d'après ma carte, il ne pourrait s'agir que d'elle. Nous en sommes au moins à 25 milles, alors qu'elle paraît si près. L'air est ici si transparent que les contours des hauts rochers sombres tranchent sur leur entourage avec une précision extraordinaire ; ces conditions réduisent d'ordinaire la perception des distances de moitié. Nansen donna à un cap de l'archipel François-Joseph le nom de « château, parce que sa structure rappelait une semblable construction. Je partage pleinement son impression. La plupart des caps que j'ai vus jusqu'ici ressemblaient en effet à un château ou à une cathédrale, surtout les rochers des îles Bell, considérés du cap Grant ou d'un point encore plus méridional. Leurs pentes et les rochers plus bas sont en général couverts de glaciers ou de neige ; par le haut aussi toutes les arêtes sont couronnées d'un glacier comme d'un toit. Le rocher ne donnait déjà plus l'impression d'une masse informe, mais montrait la structure d'un vaste château ou d'un dôme géant à l'architecture riche et variée. Les rangées de rochers de basalte paraissent de loin dressées avec une parfaite régularité et de même hauteur. Sur ces colonnades, entre et derrière elles, nichent d'innombrables colonies d'oiseaux.

En réfléchissant bien, je ne doute plus que nous ne soyons très près du home Jackson. Je saurai bientôt si mon plan de tendre vers le cap Flora a été pratique ou si tous nos tourments et sacrifices, toutes nos fatigues et pertes ont été vains. Vingt-deux ans sont une longue période. Que subsiste-t-il de ce home ? Bien des « si » et des « mais » m'assiègent. Que faire ? Où se tourner ? Vers le Spitsberg peut-être ? Du cap Harmsworth, j'avais bien vu que vers l'ouest s'étendait une région aux glaçons épars, et avec cela nous ne disposions que de deux kayaks pour dix hommes. Devais-je faire un si grand détour ? Mes compagnons n'en auraient certainement plus la force, et puis, tout notre équipement ne répondait pas aux besoins les plus urgents. Nos deux traîneaux étaient déjà en pièces tout de suite après notre départ du Santa Anna, aujourd'hui ils méritent à peine leur nom. C'est à grand-peine que nous les maintenons avec du fil de fer et chaque jour il faut les réparer à nouveau. Nos vêtements sont des haillons souillés d'huile et fourmillent de vermine. Nos provisions sont réduites à 2 livres de sel. Non et non ! Nous ne pouvons plus penser au Spitsberg, du moins pour cette année. Si nous nous reposions quelque temps à l'un des caps où nous trouverions un abri et une nourriture abondante, comme mes gens me le proposent si souvent ?

Mais à quoi bon ? Au plus, pour laisser passer les rigueurs de l'hiver, sans espoir sûr, sans possibilité de compléter notre équipement. Ce serait une sorte de suicide. Et que l'hiver est cruel dans ces latitudes ! Nous habiterions une caverne de rochers, avec une peau de morse comme toit, une fourrure d'ours comme porte ! De tels extra sont bons pour des hommes ayant une santé de fer, une âme trempée, une volonté indomptable comme l'étaient Nansen et Johansen, mais non pour mes compagnons malades, à l'âme faible, prompte au désespoir, à peine capables de supporter une marche d'été dans des conditions relativement favorables !

Non, j'avais trouvé d'instinct la seule solution juste. Lorsque nous gravissions le glacier de Worcester, il n'y avait qu'un seul but, tendre le plus vite possible vers le cap Flora ! Les espoirs que nous rattachons au but ne se réaliseront peut-être pas tous ; les constructions que nous escomptons sont peut-être ruinées depuis longtemps. Mais avec leurs restes nous pourrons bâtir une hutte, nous pourrons nous procurer des provisions pour l'hiver. Et si tout est épuisé, il nous reste assez de cartouches. Là est le seul hivernage pratique pour nous ! Nous y réparerons à fond nos traîneaux et kayaks ; puis nous pourrons toujours, s'il le faut, envisager l'éventualité d'un voyage au Spitsberg ou à la Nouvelle-Zemble.

La tourmente de neige cessa vers le soir. Konrad alla chasser des canards, tandis que je montai sur le glacier avec Lounaiev pour épier l'arrivée de nos retardataires. Nous fîmes plus de 6 kilomètres à leur rencontre, mais ne trouvâmes sur tout le parcours que les traces d'une ourse. Rentrés à dix heures, nous résolûmes, si le temps le permettait, d'aller le lendemain aux îles Bell. Je ne pouvais tarder plus, par égard pour Nilsen, qui tenait à peine sur ses jambes. L'état de Shpakovsky n'était guère plus encourageant. Quoique souffrant aussi des pieds, Lounaiev se maintenait encore debout et montrait un peu plus d'énergie que les deux autres.

Cependant le sort des voyageurs pédestres m'inquiétait fort. Que pouvait-il encore leur être arrivé ? Impossible de le deviner, il y a tant d'éventualités imprévisibles…

5 juillet — Le temps s'est amélioré. Nous sommes partis pour les îles Bell à deux heures du matin. À peine en route, la tempête reprit et nous dûmes ramer dix heures à travers les plus fortes vagues, en rassemblant nos dernières forces. À midi, nous étions encore à 5 kilomètres de l'île. L'épuisement nous obligea à nous arrêter sur un rebord de glace. Après avoir mangé nos canards, vite cuits, nous nous étendîmes sur la glace, enveloppés de nos fourrures et nous abritant du vent à l'aide des voiles. Réveillés vers quatre heures, nous constatâmes avec épouvante que le champ sur lequel nous reposions n'était pas de la glace côtière, mais un grand glaçon flottant qui, dans l'intervalle, s'était écarté de l'île d'une

dizaine de kilomètres. Nous n'avions d'autre ressource que de revenir à la force des rames, à la sueur de nos fronts. Mais pendant notre halte le temps était redevenu assez beau, de sorte que l'île fut bientôt atteinte. Nilsen s'en va tout à fait, ne peut plus bouger, a perdu la parole et balbutie avec peine.

Tout près de l'île, nous aperçûmes sur un puissant glaçon flottant deux grands morses et un petit, qui était de la taille d'une vache. Ils prenaient un bain de soleil et ne nous accordaient pas un regard, tandis que nous allions les attaquer. Nous nous mîmes à l'affût derrière des glaçons. C'était un jeu bien risqué. Nous tirâmes vite sur la glace nos kayaks avec le pauvre Nilsen. C'est la vue du jeune morse qui nous excitait à ce combat. Nous tenions sa chair pour une friandise et voulions en goûter au moins une fois. Ce fut une lutte inégale. Lounaiev et moi visâmes longtemps avec soin et tirâmes en même temps. Le petit dut être bien atteint, car, là où il gisait, la glace rougit aussitôt. Tout aurait été bien, si nous n'avions eu à faire qu'à lui. Mais les deux vieux engagèrent aussitôt le combat. L'un se jeta sur notre kayak en soufflant et en mugissant, tandis que l'autre, sans doute la mère, poussait promptement le blessé dans l'eau. En grand danger, nous nous retirâmes sur la glace sans cesser de tirer sur l'animal furieux qui nous poursuivait. Ensuite nous observâmes les deux qui se démenaient autour du petit et tâchaient de l'empêcher de couler. Mais l'un, certainement le mâle, ne nous perdait pas de vue et prit un nouvel élan pour nous assaillir, de sorte que nous courûmes encore plus en arrière. La lutte dura environ cinq minutes, puis les deux disparurent subitement dans les flots. Nous avions gaspillé sottement quinze cartouches et nous étions exposés étourdiment à un grand danger. Lorsqu'après ce « combat naval » assez peu glorieux pour nous, nous ramâmes vers l'île, nous ne cessions de regarder de tous côtés, persuadés que les deux morses nous suivraient pour se venger de notre attaque. D'une mine anxieuse, nous explorions sans cesse la surface liquide, d'où les monstres pourraient tout à coup émerger.

Nous abordâmes l'île vers neuf heures du soir et reconnûmes aussitôt que Nilsen ne tiendrait plus longtemps. Incapable de se redresser, il rampait sur les genoux et les mains. Le cerveau cessait déjà de fonctionner, car il ne nous répondait plus. Il nous regardait d'un œil fixe. À l'aide de nos voiles, nous arrangeâmes aussitôt une petite tente provisoire pour y coucher notre pauvre camarade marqué par la mort. Nous lui chauffâmes une bonne soupe et l'enveloppâmes dans notre unique couverture. Mais nous nous rendions bien compte que nous nous donnions une peine inutile. Il ne verrait pas la prochaine aube. Danois de naissance, il s'était enrôlé l'un des premiers sur le Santa Anna dès l'achat de ce navire en Angleterre, bien qu'il ne sût pas un mot de russe ; mais, après deux ans à bord il possédait très bien notre langue. La perte de ce brave homme et bon marin nous affecta tous. Lounaiev remarqua que Nilsen avait les mêmes phénomènes de paralysie que Archireiev et que, dans les deux cas, il devait s'agir de la même maladie qui entraînait sûrement la mort. Les autres s'endormirent bientôt, tandis que je montais avec mon fusil sur les rochers pour jeter de là-haut un regard vers le cap Flora.

Dimanche 6 juillet — Comme nous nous y attendions, Nilsen n'est plus qu'un cadavre ce matin. Il a fini de souffrir et semble s'être éteint paisiblement, sans agonie. Les traits de son visage sont calmes. Nous mîmes dans une couverture le corps glacé que nous menâmes sur le traîneau jusqu'à la plus proche terrasse, à environ 250 mètres du rivage, et, l'étendîmes dans une tombe faite de pierres. Personne ne versa une larme sur cet homme qui avait voyagé avec nous des mois et partagé tous nos dangers, fatigues et privations. Nous semblions devenus tout à fait insensibles! Nous voyions la mort si souvent, elle était à toute heure notre compagne, de telle sorte qu'elle avait perdu pour nous ses épouvantes. Peut-être avait-elle pris Nilsen en libératrice, en amie. Cet homme entré maintenant dans le repos éternel avait placé toutes ses forces au service de notre cause. Il avait été un élément sur lequel nous avions pu compter car il avait toujours rempli consciencieusement son dur devoir. Soudain il avait disparu avec ses espoirs et l'œuvre de ses mains, désormais superflue, peut-être inutile.

Nous, les survivants, dûmes quitter sa tombe sans retard pour nous efforcer d'atteindre le plus tôt possible l'île, distante de 12 milles. Nous ne pouvions nous livrer à notre émotion, sollicités comme nous l'étions par l'action, la lutte contre les éléments. Tout notre voyage n'était-il pas un combat perpétuel de la vie contre la mort ? Ce n'était pas la dureté de nos cœurs qui étouffait nos regrets ; les conditions où nous vivions depuis si longtemps avaient émoussé notre sensibilité. Nous ne pouvions nous soucier des malades, aucun n'avait le droit de disperser son attention ; il fallait ménager toutes nos forces pour atteindre le but. Rien ni personne ne devait nous en détourner. Ce que j'écris là semble respirer la barbarie, mais, dans cette solitude, la vie sentimentale meurt peu à peu !

Shpakovsky est malade aussi, et nous ne savons si nous le garderons. Comme il n'avançait guère et que ses jambes refusaient parfois leur service, un des camarades lui cria : « Mon lapin malade, hâte-toi ou veux-tu rejoindre Nilsen ? ». Ce n'était pas une méchanceté, comme le supposerait un observateur distant. Dans une existence comme la nôtre, ceux qui ont la santé se révoltent simplement contre la maladie sous quelque forme qu'elle se présente ! Ces paroles ne veulent qu'attiser l'énergie, la volonté de vivre à tout prix. L'esprit doit commander aux membres, se transformer en volonté qui maîtrise le corps, même si une de ses parties refuse le service. Qui se laisse aller dans ces conditions, devient vite la proie de la mort. Il n'y a d'autre salut que de rester maître de son corps jusqu'au dernier muscle. Chaque tentation doit être réprimée. La fatigue invite au repos, les jambes fléchissent. Alors il est urgent de réagir et de s'efforcer à tout moment d'aider à la victoire de l'esprit dans sa lutte écrasante contre le corps. Et la langueur qui veut dompter l'homme s'insinue petit à petit, prête à le séduire, et c'est là le danger. Je ne prêtais auparavant que peu d'attention à ces phénomènes, les expliquant par toutes sortes d'influences fâcheuses, telles que les longues séances en kayak dans la position la plus incommode, les jambes pliées.

Car j'éprouvais chaque fois sur moi-même, après une longue course fatigante en bateau, l'arrêt de circulation du sang, entraînant parfois une paralysie des extrémités. Mais dès que j'avais posé sur la glace les jambes inertes, je tâchais de chasser le mal au plus vite par des exercices de gymnastique, surtout étendu sur le dos. Même un épuisement complet et une profonde somnolence ne pouvaient m'en détourner. D'ordinaire, ces mouvements remettaient le sang en mouvement normal et les pieds m'obéissaient de nouveau. Mais chez Shpakovsky et Nilsen cet état était déjà dans sa phase chronique. Le mal s'étendait et ne tardait pas à affecter l'activité cérébrale, s'attaquant à la parole et à tout l'appareil de la pensée. Chez le pauvre Shpakovsky, la maladie suit le même cours que chez Nilsen ; ses réponses sont déjà indistinctes aujourd'hui, mais il ne semble pas encore s'en douter et parle sans doute exprès aussi peu que possible.

Au matin, de petits groupes de cinq à huit eiders volèrent vers le nord de l'île Bell. Espérant y trouver des nids d'eiders et apprendre ce qu'il en était du port Eira, nous y dirigeâmes nos pas. Mais nous fûmes déçus et ne trouvâmes point de nids. Il était d'ailleurs difficile d'avancer sur le rivage, très pierreux et tout enneigé. Les eiders préfèrent construire leurs nids sur un sol tourbeux, libre de neige. Les oiseaux que nous avions vus auparavant étaient probablement allés plus au nord. Le port n'offrait donc plus d'intérêt. Le détroit entre les îles Bell et Mabel était couvert de glace solide. Revenus à nos kayaks, nous vîmes trois morses circuler près du bord et prêter à nos embarcations une attention spéciale, ce qui nous décida à les retirer au plus vite, dans la crainte que les bêtes ne s'en approchassent. Pas trace jusqu'ici de nos quatre compagnons disparus depuis plusieurs jours. Des onze hommes partis du Santa Anna, il n'en reste que huit : mes trois compagnons, moi et les quatre manquants qui errent sans doute sur la Terre du Prince George.

8 juillet — Départ pour le cap Flora à trois heures du matin. J'occupe avec Konrad le premier kayak, Lounaiev et le malade le deuxième, qui porte en outre beaucoup de bagages casés jusqu'ici dans le mien, tels que les cartouches, mes livres et la plupart de mes notes de journal. Le temps étant exceptionnellement beau, nous pouvions compter sur une traversée facile. Il fallut d'abord louvoyer quelque temps entre les glaçons, mais ensuite nous pûmes ramer avec entrain et avancer avec aisance. Le canal Miers entre les îles Bell et Northbrook (le cap Flora est sur cette dernière) était par bonheur libre. Il est ici large de 10 milles environ. Sans hésiter, nous dirigeâmes notre course droit sur le cap, très net devant nous. Comme nourriture nous n'avions chacun qu'un canard plongeur cru. Mais nous nous étions bien restaurés dans l'île et je ne pouvais me douter de ce qui allait nous arriver.

Après une course de deux heures, comme nous étions vers le milieu du canal, se leva soudain un violent vent du N. qui augmenta bientôt pour dégénérer enfin en ouragan.

La traversée d'abord si aisée se changea tout à coup en une lutte contre les éléments, qui mettait en grand péril nos coquilles de noix et leur équipage. Nous devions être tombés en même temps dans un courant de marée car pour comble de malheur nous nous vîmes entraînés vers la haute mer avec une vitesse extrême. Tout cela fut l'affaire de quelques instants. La surface unie comme un miroir se transforma en un clin d'œil en une mer écumante et déferlante, couverte d'épais brouillard, et d'énormes glaçons commencèrent à sortir du détroit. Nos misérables barques dansaient sur les vagues comme des jouets d'enfants, inondées par les flots et livrées, sans défense, aux caprices de la mer irritée et soulevée jusqu'au fond. Ajoutez-y une autre malchance, qui pouvait nous être fatale. Nos barques étaient légères, portant en travers les traîneaux, de sorte que le vent offrait notre flanc aux vagues, ou, si nous réussissions à prendre la direction du vent, la charge alourdissait trop l'avant, qui plongeait souvent. Et ce n'était pas tout ; le brouillard et le pêle-mêle des glaçons dérobaient l'autre barque à notre vue ainsi que les îles. Mais ce que nous ne voyions que trop, c'est que nous dérivions vers la haute mer à une vitesse effrayante, bien plus vite que les glaçons, qui enfonçaient davantage.

L'inutilité de continuer cette lutte inégale contre la tempête et les vagues fut bientôt manifeste et nous nous résolûmes à nous rapprocher d'un grand glaçon pour nous y accrocher et l'escalader si possible. Et nous réussîmes à aborder à bâbord d'un vrai iceberg, à y grimper et à y tirer notre barque. Je ne saurai dire le tirant d'eau, si l'on peut s'exprimer ainsi, du glaçon, mais il dépassait les flots d'environ 4 mètres. Les vagues frappaient avec une impétuosité effrayante notre abri branlant, qui toutefois leur résistait et dont la masse retardait la marche.

Nous cherchâmes aussitôt à découvrir l'autre kayak, mais en vain, même du haut de notre perchoir. Cependant, pour donner au moins un signe de vie, nous hissâmes au sommet un pavillon au bout d'un long mât, comptant que Lounaiev apercevrait ce signal et y répondrait.

Impossible de continuer notre traversée avant la fin de l'orage, et, étant assez épuisés, nous décidâmes de nous reposer et de dormir.

L'ouragan faisait rage autour de notre château flottant, et le froid était intense. Par bonheur chacun avait sa fourrure et nous préparâmes notre sommeil en tirant la fourrure par-dessus la tête sans utiliser les manches. Puis nous nous blottîmes dans un enfoncement de manière que les jambes de Konrad reposassent dans ma fourrure contre mon dos, tandis que je mettais mes jambes dans la sienne. Nous enlevâmes nos bottes, nous nous couvrîmes avec soin en bouchant toutes les fissures et en enfonçant la tête dans les fourrures. Nous avions chaud ainsi, mais, par contre, quelque peine à respirer. Grâce à l'extrême fatigue nous nous endormîmes bientôt pour rester sept à huit heures plongés dans un sommeil sans rêves.

Mais notre réveil fut effrayant. Un horrible craquement nous éveilla et nous tombâmes aussitôt dans les flots. Notre commun « sac de couchage » se remplit d'eau et nous entraîna au fond. Nous fîmes des efforts désespérés pour sortir de notre « fourreau » que, pour notre perte, nous avions fermé avec trop grand soin. Les bouts inférieurs des fourrures étaient entrés loin l'un dans l'autre, et le tout était gelé et devenu raide comme une planche. Notre situation ressemblait à celle des chats que l'on met ensemble dans un sac pour les noyer.

C'est alors que j'éprouvai combien il est vrai que des instants de danger suprême semblent une éternité. Je ne sais combien de secondes nous nous débattîmes dans l'eau, mais, cette lutte me parut très longue. À cet instant mortel, toutes les étapes de notre voyage se déroulèrent dans mon esprit dans tous les détails et avec la rapidité de l'éclair. J'assistai encore une fois à la mort de nos trois camarades ; je vis Lounaiev et Shpakovsky entraînés à la dérive au milieu de la tempête, et finalement moi-même avec Konrad jusqu'à cet événement épouvantable. Je me rappelle encore très bien qu'elle était alors ma pensée prédominante : « Qui apprendra quelque chose de notre perte ? » « Personne ! », me répondis-je. Cette certitude, vue comme en rêve, que jamais personne ne saurait rien de notre lutte contre les éléments dans laquelle nous allions succomber, que notre fin resterait inconnue à jamais, cette idée me torturait de façon indicible. Mes dernières forces se révoltaient contre cette disparition obscure. Et dans ce tourment je pris conscience de mon rêve qui renfermait une prophétie. N'était-il que vaine illusion ? Impossible ! Et dans cette seconde des forces inconnues m'inondèrent, mes pieds rencontrèrent ceux de Konrad, nous nous poussâmes pour ainsi dire l'un l'autre hors de notre enveloppe fatale, et, dégagés, nous trouvâmes debout sur le rebord inférieur de l'iceberg, dans l'eau jusqu'à la poitrine, tandis qu'autour de nous flottaient fourrures, bottes, couvertures, gants et dix autres objets que nous repêchâmes à la hâte. Les fourrures étaient horriblement lourdes, de même la couverture, que nous ne pûmes retirer et qui devint la proie des vagues. Cependant le vent glacial faiblissait, la tempête semblait s'apaiser, mais nous étions toujours dans l'eau, nos pieds étaient raides et la fièvre nous secouait à faire claquer nos dents. Et quoi maintenant ? Faut-il périr de froid ? Telle était ma seule pensée.

La bonne Providence nous indiqua cette fois encore le chemin du salut. Comme pour répondre à mon angoissante question : « Que va-t-il arriver ? », notre kayak tomba dans les flots du haut de l'iceberg. Et il tomba bien ! Tout dépendait de cela ! Si dans sa chute ses flancs en toile de voile avaient été déchirés par une arête aiguë, notre sort aurait été fixé irrévocablement. Nous aurions, sur l'iceberg, dérivé plus loin en haute mer pour y périr. Mais maintenant il s'agissait de rassembler nos dernières forces. Jetant vite dans la barque nos effets sauvés des eaux, nous avons tordu nos vestes et nos bas, avons revêtu les habits les moins trempés et mis le traîneau en pièces pour l'emporter. Puis on rama avec le courage du désespoir. Il fallait nous réchauffer à tout prix, notre vie en dépendait. Je sais aujourd'hui que seul cet effort fourni avec les rames et poussé à l'extrême limite nous sauva !

Le brouillard se dissipa ensuite. Le ciel s'éclaircit et les îles réapparurent. La plus proche était l'île Bell, cette même île que nous avions quitté le matin de ce jour funeste. Elle était à présent à 10 ou 15 kilomètres. Nous avancions vite, quoiqu'une bise contraire retardât notre marche. Ne participant pas au mouvement du corps, nos jambes étaient glacées. Nous nous dirigions le plus vite possible vers de gros glaçons pour nous abriter du vent à leur bâbord. Nous atteignîmes enfin l'île Bell après avoir ramé environ six heures avec la dernière énergie. À peine sur la glace ferme, nous entamâmes un pas de course furieux pour ramener le sang dans nos jambes figées. Mais notre débarcadère était exposé au vent et nos efforts furent vains. Nous essayâmes d'allumer un feu en dressant un véritable bûcher avec les débris du traîneau, nos skis, les appareils de pansement de notre pharmacie, bref tout ce qui pouvait se consumer. Quand il flamba, nous tordîmes nos fourrures et nous assîmes près du feu. Nous eûmes encore la chance d'abattre quelques canards plongeurs qui nous procurèrent une excellente soupe. Elle nous réconforta un peu, mais nous étions loin d'être secs. Pendant la nuit d'insomnie, des frissons de fièvre parcoururent mon corps. Konrad ne se coucha pas du tout, et courut sans cesse pour ne pas succomber de froid.

Le matin suivant amena un temps meilleur. Le soleil perça, le vent se tut et la mer s'apaisa peu à peu. Mais nous restions dans une disposition désespérée, d'esprit et de corps. Je tremblais de tous mes membres, mon compagnon de même, ses orteils étaient gelés. Mais nous ne pouvions nous abandonner au désespoir. L'action seule était notre salut et nous décidâmes de partir aussitôt pour le cap Flora, mais non sans avoir tiré encore quelques canards, car nous n'avions plus de provisions d'aucune sorte.

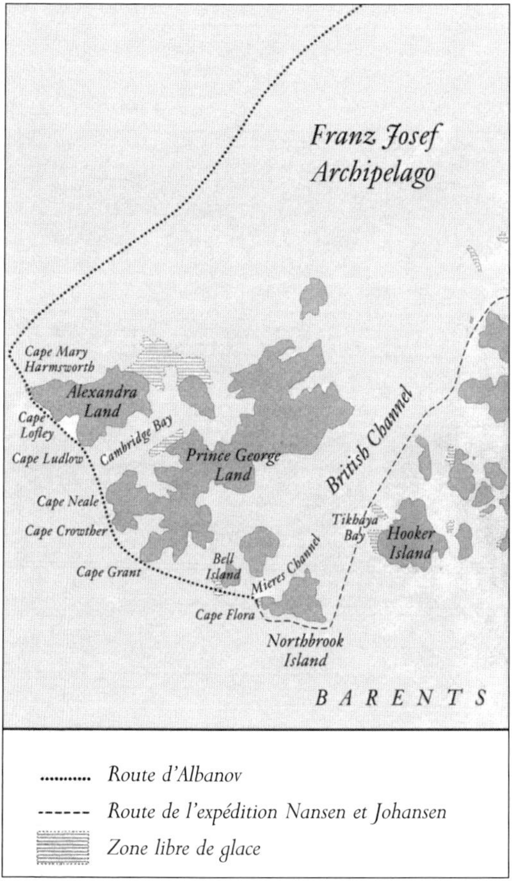

Le home Jackson au cap Flora.

Chapitre X

Le cap Flora
Le home Jackson et Ziegler

11 juillet — De l'enfer nous passions au paradis. C'est bien ainsi, qu'après toutes nos aventures, je puis nommer la chaude petite cabane de l'île Northbrook qui nous abrite à présent. Que nous y sommes bien ! Un délicieux sentiment de quiétude et de sécurité nous pénètre. L'épouvantable détresse qui nous a talonnés comme notre ombre pendant des semaines et des mois se met à pâlir.

Depuis que nous sommes dans cette oasis, le poêle de fer est en activité et chauffe si bien qu'il semble vouloir nous dédommager du froid atroce dont nous souffrions dehors. Mais les frissons me secouent toujours et je viens de bander les pieds entièrement gelés du pauvre Konrad. L'essentiel est que nous ayons tout ce qu'il nous faut comme nourriture. C'est ici comme dans la fable : « Petite table, couvre-toi ! ». Il y a de la galette et plusieurs sortes de biscuit. Nous n'en avions pas mangé depuis longtemps. Mais je vais tout raconter dans l'ordre où les événements sont arrivés :

Le 9, il devait être cinq heures du matin, quand nous nous remîmes en route pour le cap Flora. Cette fois encore, comme lors de notre premier départ, interrompu de façon si fatale, le temps était splendide, mais, comme nous avions fait nos expériences, nous ne nous fiions plus à ce calme. Choisissant pour notre traversée l'endroit le plus étroit, nous avons ramé le long de l'île Bell vers le nord, jusqu'à l'île Mabel pour ne franchir le détroit que là où régnait encore un fort courant entraînant vers le sud les glaçons et quelques icebergs.

L'autre kayak est sans doute perdu ; nous nourrissons pourtant encore le faible espoir que, pendant notre somme sur l'iceberg, il réussit tout de même à gagner le cap Flora. Il portait notre unique fusil, toutes les munitions, une partie de mon journal et quelques documents. Nous ne conservions que le fusil double avec trente cartouches à plomb et dix à balles, armement bien insuffisant, qui ne durerait pas longtemps. Si nous atteignons le cap, il nous faudra fabriquer des arcs et des flèches, des pièges et des lacets pour subvenir à notre existence.

Je connais le récit du sauvetage, dans une des nombreuses îles du Spitsberg, d'une troupe russe de chasseurs de phoque qui avait fait naufrage. Ils étaient sans armes. À l'exemple de Robinson, ils vécurent sept ans, dans cette île, relativement heureux et contents.

Ils se procurèrent vêtements et nourriture par la chasse, sans arme à feu. La nécessité les rendit inventifs. Ils construisirent toutes sortes de pièges, qui leur firent bon usage. Je me rappelai cette histoire, quand nous risquâmes la traversée, si peu armés. Ce serait une lutte à l'issue bien douteuse, si un morse nous attaquait. Nous aurions peut-être eu des chances de succès avec un ours, mais nos amères expériences nous engageaient à éviter le plus possible la rencontre d'un morse.

Bien que nous fissions force de rames par ce beau temps, nous n'avancions pas vite. Ce n'est que vers neuf heures du matin que nous approchâmes de l'île Northbrook, dont nous avons exploré la rive avec grand soin, à la recherche de vestiges humains. Un élan ardent nous poussait, comme sur le champ de glace, quand nous avions découvert la « Terre Promise ». Il n'était donc pas étonnant que notre imagination nous forgeât parfois le mirage d'une maison là où il n'y avait qu'une grosse pierre. Nous arrivâmes peu à peu sur la côte ouest de l'île, appuyâmes alors un peu à droite et longeâmes la rive car le terrain y semblait plus propice pour un débarquement. Sur les grands glaçons que nous croisions, nous vîmes beaucoup de morses qui se chauffaient au soleil ; cependant nous les évitions avec soin.

Bientôt nous découvrîmes un bon lieu d'atterrissage, tournâmes court et abordâmes. Colomb ne put être guère plus ému en posant le pied sur le sol du nouveau monde, que nous ne le fûmes ce jour-là en sortant du kayak. Après ce terrible voyage de trois mois, nous étions enfin au but !

Nos jambes raidies ne nous supportaient plus, il nous fallut nous allonger sur le sol. Il était grand temps d'arriver au port ; jamais nous n'avions ressenti un tel épuisement, et notre faiblesse nous remplissait de souci. Peut-être la maladie « insinuante » allait-elle nous surprendre juste au dernier moment et le sort d'Archireiev et de Nilsen nous guettait-il !

Car même si nos jambes n'avaient pas refusé leur service, nous nous sentions malades et brisés. Seule la curiosité irrésistible excitait un peu nos esprits abattus. Couchés sur le dos, nous nous mîmes à frictionner nos jambes vigoureusement et à leur faire faire de la gymnastique dans la mesure du possible. Puis nous nous exerçâmes à sauter en nous tenant au kayak. Après quelque temps, notre sport fut couronné de succès. Nos jambes s'assouplirent et nous obéirent. Prenant alors fusil et longue-vue, nous nous mîmes en quête de ce fameux home Jackson avec le plus ardent désir de le trouver. Bientôt des doutes se mêlèrent à nos espoirs. Ne trouverions-nous plus que des ruines ?

La rive, entièrement rocheuse, sans terre ni argile est une vaste étendue qui se prolonge d'est en ouest. Au nord, elle s'élève en terrasses de grande proportion pour venir buter sur une paroi constituée de colonnes basaltiques comme nous en avions observé sur d'autres caps. L'étendue du rivage se déroule en lignes ondulantes et rentre un peu vers la gauche, de sorte qu'un seul regard embrasse toute la côte. Du haut des rochers on avait l'impression que toute l'île était couverte de glaciers. D'innombrables ruisseaux s'en précipitaient. La neige était déjà fondue aux endroits ouverts ; partout de la mousse, et sur les coteaux nous trouvâmes les mêmes fleurs qu'au cap Harmsworth. Mais, ici, la nature était plus luxuriante que sur les autres caps que nous avions visités. Celui-ci fait donc honneur à son nom de Flora, qu'il n'a reçu, sans doute, que pour cette raison.

Le sol n'était pas encore sec ; partout des mares et de la boue. Par endroits il était raviné par les torrents et présentait de profondes et larges cicatrices. Les rochers étaient peuplés d'innombrables oiseaux, dont les cris stridents nous effrayèrent après notre navigation solitaire sur la vaste mer silencieuse. Des oiselets gris rappelant vivement nos bécasses rasaient le sol entre les grosses pierres. La ligne côtière était presque toute libre de glace ; on ne voyait que de minces glaçons noircis par-ci par-là.

Nous hâtions le pas, trébuchant sur les pierres et obligés souvent de nous arrêter pour reposer nos jambes encore raides. En continuant, nous aperçûmes au loin les contours indistincts d'une construction qui disparut bientôt derrière un grand rocher. Environ cent cinquante pas plus loin, nous crûmes distinguer une haute perche derrière ce rocher. Nous approchâmes, ce n'était pas une illusion, la perche devenait toujours plus nette. Plus de doute possible, une surprise toute spéciale nous attendait ici. Ce ne pouvait être un arbre, il n'y en a pas au cap Flora. Nous avancions de plus en plus émus. Quelques mètres plus loin apparut une deuxième perche à gauche de la première et maintenant nous vîmes nettement quelque chose attaché aux deux… Le mystère allait s'éclaircir. C'était bien une maison, une vraie maison en rondins, avec un toit incliné d'un seul côté et une cheminée, le tout intact. Puis nous découvrîmes une deuxième maison, et même une troisième. Ce désert ne pouvait être habité, il fallait bien que ce fût une station : mais notre émotion nous avait fait prendre tous les rochers pour des constructions. Nous étions si perdus dans leur contemplation que nous ne voyions pas nos environs immédiats, de sorte qu'une nouvelle découverte merveilleuse nous surprit tout à coup à 50 mètres devant nous. Caché dans un ravin, gisait un grand bateau de pêche, de type norvégien, en parfait état et la quille en l'air. À côté étaient rangés, dans le plus bel ordre, rames, hameçons et autres objets le complétant. Tout ceci semblait avoir assez peu servi auparavant. Aussi vite que nos jambes malades nous le permirent, nous avons couru alors vers la plus grande des maisons en bois, espérant la trouver habitée. Nous étions sûrs de voir soudain une porte s'ouvrir pour laisser apparaître un navigateur norvégien ou anglais tenant sa pipe allumée entre les doigts. Dans notre imagination, le tableau était complet, et, il n'y avait pas d'autre possibilité.

Mais, arrivés devant la maison, il fallut nous convaincre qu'elle était vide. Il y avait des vitres cassées, mais toutes les ouvertures des fenêtres étaient fermées par des planches. La porte était entrouverte, l'entrée presque entièrement bouchée par la neige accumulée et recouverte d'une couche de glace sale. Le linteau était en bon état, mais les parties inférieures avaient déjà subi l'influence de l'eau de neige. Notre stupeur ne nous laissait pas encore distinguer tous les détails. Le hasard tourna notre attention d'abord sur quelques grandes caisses à moitié enfouies dans la neige devant la maison. Ouvrant le couvercle de l'une d'elles, nous y trouvâmes une deuxième caisse en tôle galvanisée. Le couteau eut vite raison de la tôle ! ô bonheur ! Toute la caisse était pleine de biscuit blanc. Nous nous rassasiions, puis remplissions nos poches. Depuis assez longtemps nous n'avions fait que rêver de cette délicieuse pâtisserie.

Nous ouvrîmes une deuxième caisse : encore du biscuit, mais plus fin. Il y avait cinq caisses, sans aucun doute, pleines aussi de biscuit. Nous n'en ouvrîmes pas d'autre. Qui est capable de se mettre à notre place comprendra notre joie. Depuis des mois nous étions rationnés en biscuit ; les derniers temps nous n'en avions plus du tout et étions réduits exclusivement à la chair des animaux abattus et cuits dans l'eau de mer sans le moindre assaisonnement. Qui n'est passé par là ne peut mesurer notre délire. Il fut aussi un temps où je n'attachais aucune importance au pain, tant qu'il y en avait en abondance. J'avais peine à m'imaginer des gens, rassasiés de viande, souffrir du manque de pain. Quand j'ai lu pour la première fois, il y a bien longtemps, l'histoire de Nansen, j'avais trouvé presque exagéré le passage qui racontait la joie prodigieuse causée par la découverte du pain au home Jackson. Aujourd'hui, après avoir éprouvé les mêmes privations, je ne puis que contresigner chaque mot de Nansen. Il n'avait vécu que de viande avec Johansen pendant leur hivernage à l'île Jackson. Je vais même jusqu'à prétendre qu'il est bien plus aisé de se passer de viande. Pain et biscuit sont indispensables, ils sont la base de l'alimentation. Je connais à présent pour toujours la vraie valeur du pain. Et, pour le répéter, nous fûmes heureux comme des enfants en nous trouvant si riches en biscuit. Imaginez : cinq caisses pleines !

Regardant autour de nous après cette heureuse découverte, nous remarquâmes au mur, tout à côté de la porte, une planche avec cette inscription en lettres latines : « Expédition du lieutenant Sedov, 1 913 ».

Voilà ! C'est le camp de Sedov. Mais pourquoi 1913, alors qu'il est parti en même temps que nous, en 1912 ?

Au-dessus de la planche pendaient deux boîtes de fer-blanc, soudées et attachées par un fil de fer. Je pensai qu'elles devaient renfermer la poste : peut-être attendait-on un vapeur ? Presque en même temps j'aperçois au mur une autre inscription au crayon, ainsi conçue :

« La première expédition polaire russe du lieutenant Sedov est arrivée au cap Flora le 30 août 1913 et a continué vers la baie de Tepliz le 2 septembre. »

Cette baie de la Terre du Prince Rodolphe m'était connue. Il voyageait sans doute, me disais-je, sur des traîneaux à chiens, sans cela il n'aurait pu amener jusqu'ici ces caisses et ces provisions.

Mais comment ont-ils pu bâtir cette maison en quatre jours et de plus la dégrader ainsi ? C'est encore moins explicable, si l'on réfléchit qu'ils sont revenus le même hiver ou au printemps suivant et ont habité la maison. J'y jetai un coup d'œil ; il y faisait tout à fait sombre et tout témoignait d'un grand abandon. L'intérieur était, jusqu'au tiers de la hauteur, plein de glace sale apportée du dehors, et c'est dans cette glace que meubles, habits, boîtes de conserves, vaisselle et nombre d'autres objets étaient congelés. Sans perdre notre temps à regarder de plus près, nous allâmes au hangar environ 50 mètres plus loin. Il était fait de planches épaisses, comportait deux pièces, mais la porte et presque tout le toit manquait. L'intérieur était aussi plein de glace, d'où émergeaient caisses, boîtes, verres, vêtements, grands ustensiles de fer, bouteilles, etc. Un kayak vert, qui avait dû être très beau autrefois, était aussi à moitié enfoui dans la glace. À côté de ce hangar il y avait encore un petit réduit déjà tout en ruines, où du bois proprement scié était empilé. Tout autour, de la boue, des ordures et des mares. Et jusqu'à une grande distance étaient dispersés des caisses avec de la vaisselle, des verres non emballés, des tonneaux, des rames, des harnais déchirés, des boîtes de fer-blanc, des objets de ménage, etc.

Quelques boîtes étaient percées par la rouille, mais la plupart pouvaient encore faire usage.

Notre examen aboutit à l'impression suivante : dans un grand hangar à provisions, où presque tout était représenté, le feu éclata soudain. Les pompiers accoururent, démolirent le toit et le plafond, enfoncèrent portes et fenêtres, dispersèrent une partie du dépôt assez loin, brisèrent tout ce qui les gênait et inondèrent le hangar d'eau qui se changea aussitôt en glace. Après ce « sauvetage » ils s'en allèrent fort contents…

Cela simplement pour illustrer l'état où nous trouvâmes les constructions. Le feu ne les avait pas ravagées. Les murs et le reste du plafond n'étaient nullement noircis par la fumée ou brunis par l'âge. Non, ces bâtiments étaient relativement récents. Ouvrant quelques boîtes de conserves, nous y trouvons de la viande de porc et de lapin, des harengs apprêtés de diverses manières, etc. Nous y goûtons séance tenante : les conserves étaient aussi exquises que si elles arrivaient tout droit de la plus fine charcuterie.

Nous continuâmes notre investigation en emportant quelques boîtes. Bientôt nous voici devant une construction d'architecture étrange, octogonale, aux murs penchant un peu vers l'intérieur, au toit de forme conique, comme celle d'une tente, le tout assez semblable à l'aspect extérieur d'un cirque. Les parois intérieures étaient tendues de toile à voile et aux côtés se trouvaient de véritables cabines. Sûrement cet édifice n'était d'abord pas destiné à une contrée polaire ; il devait même être beau avant d'être relégué au fond du Nord. Là aussi tout était rempli de glace, d'où sortait le haut d'un poêle de fer. Dans les cabines gisaient épars des habits déchirés, des verres de pharmacie et divers autres objets. Cependant, nous fîmes ici une trouvaille très précieuse, en découvrant dans une caisse une quantité de cartouches à plomb et à balles (calibre 12), qui allaient parfaitement à notre fusil. Ce « cadeau » venait fort à propos et c'est lui qui nous fit peut-être le plus plaisir.

Une autre cabine contenait une pharmacie domestique avec du matériel de secours dans un bahut finement poli qui s'était le mieux conservé de tout l'entourage. Cette trouvaille nous captiva, surtout à cause des pastilles de menthe poivrée qui feraient très bien avec notre thé ! Les beaux verres et les flacons à bouchon de verre furent aussi les bienvenus.

Entre la côte et les maisons il y avait un vrai champ de décombres avec son pêle-mêle de boîtes de conserves vides, assiettes, casseroles, poêles à frire, théières, cuillers, etc., presque toutes cassées et salies. En y regardant de près nous trouvâmes tout de même différentes pièces encore utilisables. Il y avait aussi un grand tas de débris de traîneaux, de skis, de harnais de chien et de cheval, etc. Un brocanteur ou marchand d'antiquités aurait pu faire là de bonnes affaires car il y avait un peu de tout ce qu'on peut désirer. Nous étions muets d'étonnement à la vue des trésors qui avaient dû être entassés en ce lieu. En réalité, cette chance nous transportait de l'extrême pénurie en un bien-être inimaginable et nous comblait en un instant non seulement des objets les plus nécessaires, mais même « d'articles de luxe ». Une seule chose manquait, l'essentiel, un abri. Ni le bâtiment principal, ni le hangar, ni le « cirque » n'étaient habitables, tant qu'on n'y aurait pas fait de l'ordre et un nettoyage radical.

Mais alors nous découvrîmes, en face du bâtiment principal et près de la paroi de rocher, une quatrième construction, qui avait dû être dressée avec des parties apportées toutes faites ; elle était entourée d'une clôture de bambous fichés en terre et reliés par du fil de fer, formant grillage, aux interstices bourrés de morceaux de tourbe ou de mousse. Mais ce remplissage s'était affaissé peu à peu et n'arrivait plus qu'à mi-hauteur. Les bambous avaient sans doute servi d'abord à des mesures car beaucoup portaient encore à leurs extrémités les petits pavillons-signaux typiques. Cette « petite villa » avait un air engageant, elle n'était ni humide ni malpropre, se trouvait placée sur une éminence et bien moins délabrée que le reste. Aussi y sommes-nous entrés avec plaisir. Le vestibule contenait une petite forge. Le soufflet était d'une fabrication inconnue de moi. La porte intérieure était fermée. Le seuil portait le signe d'un fer à cheval, fétiche favori semble-t-il, de toutes les nations. À peine entrés, nous vîmes aussitôt qu'on y pourrait vivre. À gauche de l'entrée se dressait un poêle de fer avec une grande caisse pleine de petits bois, à droite une table, et en face une large cabine. Le mobilier indispensable, lampe et vaisselle, ne manquait pas. Ici aussi, le plancher était couvert de glace, mais beaucoup moins qu'ailleurs. Nous y élûmes donc tout de suite domicile, en posant sur la table nos « achats », biscuits et conserves, et bientôt un joyeux feu de bois pétilla dans le poêle ; la chaleur devint même si sensible que nous pûmes enfin sécher nos vêtements encore trempés de notre dernier bain forcé dans la mer furieuse. Puis nous commençâmes sans retard les apprêts d'un fin repas. La belle et grasse viande de conserve eut la place d'honneur, on y joignit les pommes de terre desséchées que nous avions trouvées en entrant, et nous eûmes enfin, après si longtemps, un dîner digne de ce nom. Inutile de dire que l'appétit ne fit pas défaut. Comme dessert on servit du biscuit. Et quelle jouissance de se déshabiller au chaud ! Nous nous sentions comme chez nous, ayant tout ce que nous pouvions désirer dans une situation aussi inaccoutumée. Le cap Flora réalisait plus que nos rêves les plus téméraires n'avaient imaginé. Bref, nous étions au paradis !

Après toutes ces aventures et surprises de toute sorte, une fatigue de plomb nous envahit. Nous pouvions nous étendre confortablement, comme nous ne savions presque plus le faire. Tous nos tourments étaient évanouis. Avions-nous réellement tant souffert dans la neige et la glace, dans notre misérable kayak au milieu de la mer déchaînée, sans les choses essentielles, chauffage et eau potable ? Ou n'était-ce qu'un cauchemar ?

Mais le souvenir de nos amis perdus empoisonnait notre bonheur. Qu'étaient-ils devenus ? Ne reviendraient-ils jamais ? Cette pensée retarda notre sommeil en dépit de l'extrême épuisement : où peuvent-ils bien être à cette heure ?

Intérieur de la hutte de Jackson au cap Flora.

CHAPITRE XI

PRÉPARATIFS D'HIVERNAGE AU CAP FLORA

Après un très long sommeil, presque de mort, et un déjeuner, nous nous mettons au travail. Il y avait énormément à faire. Le plus important était de rapprocher le plus possible notre kayak du home Jackson et de porter les derniers restes de notre avoir dans notre nouvel asile. Ce n'était pas grand-chose : boussole, longue-vue, chronomètre, sextant, deux livres, les voiles, une hache, quelques boîtes d'allumettes et deux ou trois boîtes de tôle, dont l'une contenait la poste.

Puis il s'agissait de ranger les provisions dispersées à l'intérieur et à l'extérieur des maisons, enfouies dans la boue et sous les immondices. Nous n'avions pas à nous inquiéter des boîtes prises dans la glace, elles ne sauraient être mieux conservées. Mais bientôt il fallut constater que la moitié au moins de ces provisions était hors d'usage. Bien des boîtes étaient rouillées ou percées de clous, leur contenu était donc perdu. Nous avons réuni celles qui étaient intactes pour les porter dans notre demeure sèche et les trier. Si nous trouvions une pièce convenable pour les conserver, nous les rangerions en ordre, sur des planches, comme en un vrai dépôt.

Cela fait, nous dégageâmes les caisses et boîtes enfouies dans la glace. Ce fut une réédition des fouilles de Pompéi !

Chaque caisse fut amenée et vidée. Nous travaillions avec la hache et des couteaux et fîmes encore bien des trouvailles qui nous dédommagèrent amplement de nos peines et nous comblèrent d'aise. Que n'avons-nous trouvé ! On aurait pu constituer une vraie exposition qui eût fait honneur à l'entrepreneur. Nous avions du pemmican, du porc, du lapin, du poisson, de la saucisse, légumes secs, pommes de terre, grandes provisions de chocolat, œufs en poudre, etc. Mais beaucoup de ces choses étaient gâtées, bien qu'elles eussent séjourné dans la glace solide, ce qui prouvait que diverses conserves étaient déjà corrompues auparavant, donc avant cette année.

Nous trouvâmes aussi dans la glace de grandes réserves de thé par boîtes de demi-livres. Mais ce précieux contenu était presque entièrement moisi et hors d'usage. Nous n'avons pu sauver que quelques boîtes moins endommagées. Quant au thé, après l'avoir séché dans notre « salon » bien chaud, nous en tirâmes une boisson potable. Des boîtes en fer beaucoup plus grandes contenaient plusieurs kilos de café, par malheur presque entièrement perdu. Les grands récipients en fer renfermaient de l'avoine qui, bien que mouillée, put servir à notre cuisine. Nous en fîmes de la bouillie d'avoine si savoureuse que nous gardâmes le reste pour l'hiver. Nos fouilles révélèrent encore plusieurs caisses de biscuit changé en bouillie, de vastes réserves de pétrole et une caisse de bougies. Tout cela nous sera bien utile en hiver et nous aidera à passer le moment le plus dur. Nous trouvâmes encore des lambeaux d'habits et de légères tentes de soie avec la marque brodée en soie rouge : « Expédition Ziegler au pôle Nord ». Cette marque était également écrite, brodée ou imprimée, sur beaucoup d'autres objets tels que cognées, skis, pelles, sur le kayak et les cuisines portatives destinées aux expéditions en traîneaux, etc… Tout était numéroté et de première qualité. Ce Ziegler était encore pour moi un mystère.

Comme je l'ai dit, nous nous imaginions n'être pas encore aux quartiers d'hiver Jackson, mais au camp Secov. Nous nous étonnions, il est vrai, de trouver tant de désordre et les constructions en si lamentable état mais nous supposions qu'après son hivernage, Sedov était parti au plus vite, abandonnant tout tel quel. Sachant qu'il avait quitté Arkhangelsk en 1912, nous pensions que son navire reviendrait chercher l'équipage déposé ici. Les boîtes en fer-blanc fixées à la grande maison contenaient, à mon avis, la correspondance destinée au navire. Mais toutes les autres découvertes me jetèrent dans le doute ; car sans ces boîtes et quelques conserves russes, rien ne rappelait la présence de Sedov. Un jour que nous remettions les pieds dans cette grande construction si sale pour fouiller dans la glace ce qui s'y trouvait nous remarquâmes au mur entre les cabines des lambeaux de drap sale et moisi. Nous ne distinguions rien dans l'obscurité qui y régnait, mais en considérant notre trouvaille au grand jour, nous avons reconnu en elle un morceau d'étoffe décolorée, autrefois verte, ce qui me rappela que dans sa description du home Jackson, Nansen parle d'étoffe verte qui revêtait les murs. Il rapporte aussi qu'il s'y trouvait un poêle de fer au-dessus duquel des baguettes étaient fixées au plafond pour suspendre et sécher les habits. En effet, tout était ainsi et alors je compris que rien n'était aussi récent que je l'avais supposé. Nous étions donc au home Jackson ! Mais quel home ! Jackson l'avait laissé agréable et commode avec « beaucoup de place », comme lui-même le dit à Nansen en le rencontrant. Il n'y avait que peu d'habitants alors. Et pourtant on voit maintenant trois étages de cabines pour recevoir trente-cinq à quarante personnes. L'espace n'est pas très bien utilisé, il y a des coins et des angles. Tout semble avoir été différent d'abord, beaucoup plus beau, puis déformé à d'autres fins. Les cabines furent manifestement improvisées en hâte avec des planches non rabotées ; les matelas sont déjà pourris. On y voit aussi un fauteuil jadis très beau et un bureau dont le fond manquant est remplacé par une planche non rabotée. Des tuyaux de tôle courent le long du plafond pour capter l'eau, et au-dessus, il y a des rayons pour poser des objets.

De-ci, de-là des flacons pharmaceutiques, inemployés à ce qu'il semble. Je me persuadais de plus en plus que jamais Jackson n'avait habité un local aussi malpropre et négligé. Songez donc, un gentleman dont on rapporte qu'il ne se mettait jamais à table qu'en habit ! D'autres gens ont dû habiter ici depuis, et même les occupants ont dû changer plusieurs fois. C'était d'abord un asile séduisant, muni de tout le confort imaginable, aux murs revêtus d'épaisses tentures vertes contre le froid. La relation de Nansen prouve qu'il trouva encore la demeure dans un état parfait. Puis une société plus nombreuse a dû y arriver en saison avancée et y avoir établi précipitamment ses quartiers d'hiver. C'est alors que furent aménagées les cabines et les gouttières, le toit étant sans doute déjà défectueux. Ces habitants doivent aussi avoir amené les chevaux, dont nous avons vu plusieurs crânes. Quelques traîneaux étaient d'ailleurs à chevaux ; nous avons même trouvé par la suite les licous et les brides.

Je ne crois pas cette dévastation attribuable au court séjour de Sedov. Il faut plus de temps pour de tels dégâts. Il doit s'agir d'une expédition antérieure qui partit aussi vite qu'elle était venue, sans se donner la moindre peine pour effacer les traces de son passage. Portes et fenêtres ne furent même pas fermées convenablement. Était-ce l'expédition Ziegler, dont je n'ai aucune connaissance ?

Je découvre bientôt une grande feuille de papier avec des dessins amusants pour une fête de nouvel an, qui me fournira peut-être des indications. La première image représente deux gentlemen buvant du whisky ; au-dessous ce dialogue : « Il serait bientôt temps d'aller découvrir le pôle. — Certes, c'est une bonne idée ! ». La deuxième montre un navire qui devait sans doute venir chercher ces personnes, mais qui, à mi-chemin, se brise sur un écueil. L'arrière du bateau sombrant sort des flots. La troisième dessine l'équipage sauvé en marche vers le sud en traîneaux à chevaux et à chiens, peut-être vers le cap Flora. Enfin, on voit encore toute la société de retour en pays civilisé et rapatriée en chemin de fer après ses « exploits ». Ces globe-trotters sont depuis longtemps sains et saufs chez les leurs et leur ont fourni les renseignements les plus authentiques sur le succès de leur expédition.

Nous trouvons encore un tonneau à vin, sur lequel est pyrogravé le mot : Pôle Nord. Son contenu devait sans doute servir de vin d'honneur après l'arrivée au pôle. Somme toute, nous ne conçûmes guère de bonne impression de ces gens, qui avaient laissé derrière eux un vrai dépôt d'ordures, reliquat d'un « magasin universel » de tous les objets imaginables. Quand quelque chose nous manquait dans notre ménage, nous disions en plaisantant :

« Allons chez Ziegler, nous trouverons tout ce que nous cherchons ». D'ordinaire c'était vrai et nous revenions rarement les mains vides. Exemple : « Alexandre (Konrad), va donc chez Ziegler me chercher un tamis pour passer l'avoine ! » Il y alla et le trouva. Nous fîmes ainsi l'acquisition d'un moulin à café, d'une lampe utilisable, d'un couvert de table, de divers outils, de vaisselle, etc.

Allant un jour vers l'est, je vis derrière un grand rocher une haute pierre étroite. M'approchant, je me trouvai devant un obélisque portant cette inscription gravée en lettres d'or : Stella Polare, en souvenir de ceux qui disparurent dans l'expédition en traîneau en 1900.

Il est donc possible que cette expédition aussi ait laissé ici une partie de ses approvisionnements.

Enfin, nous trouvâmes encore une tombe anonyme ornée d'une croix de bois peinte en rouge. Cette sépulture valait mieux que celle de notre pauvre Nilsen.

Après avoir examiné et trié tous les vivres trouvés, nous les avons transportés dans la grande maison pour les ranger en bon ordre. Ce dépôt donna finalement une impression imposante et aurait pu sans exagération s'intituler « magasin de comestibles » de première classe. Konrad dut faire seul presque toute cette pénible besogne, car depuis notre arrivé ici mon état de santé empirait de jour en jour. Des frissons de fièvre ne cessaient de me secouer et je fus quelque temps si bas que je ne reconnaissais plus rien autour de moi, et que je délirais souvent, à ce que Konrad me dit ensuite. J'avais aussi des cauchemars persistants et m'imaginais que nous étions trois dans l'île. Douces hallucinations, je me levais, courais vers mon unique compagnon occupé à ses fouilles et m'informais du troisième camarade, sans savoir qui il pouvait bien être. L'air frais me faisait du bien me ramenait souvent à moi-même et me rappelait que nous n'étions que deux. Mais cette pensée me plongeait d'ordinaire dans une profonde mélancolie qui me chassait de nouveau dans la hutte. À cette peine morale venait s'ajouter un autre mal, qui m'inquiétait fort. Mes jambes enflaient de plus en plus en me faisant beaucoup souffrir. Konrad était parfois en proie à la même douleur, et, en outre, le triste sort de nos camarades disparus nous tourmentait toujours.

Quand j'étais assez bien, nous nous asseyions devant la porte de notre « villa », promenant nos regards sur la vaste mer. Nos regrets ardents cherchaient sur les vagues quelque signe de vie de nos amis. Tout point mobile à l'horizon devenait pour nous un kayak qui nous les ramenait miraculeusement sauvés. Et nous explorions à la longue-vue, avec le plus grand soin, les différents glaçons flottants, le tout en vain. Sur les blocs poussés par la marée tantôt vers l'ouest, tantôt vers l'est, campaient, dans une muette contemplation, de nombreux morses qui se laissaient emmener sur leurs coussins glacés.

Le 15 juillet, à l'aube, Konrad décida d'aller à l'île Bell. Si la glace n'était pas rompue dans le canal qui séparait cette île de la Terre du Prince George, il tenterait de pousser jusqu'au cap Grant à la recherche des disparus. Je ne pouvais l'accompagner, me tenant à peine sur mes jambes. Il craignait sans doute ma fin prochaine et l'isolement où elle le jetterait. Ce fut peut-être le motif réel de son expédition. Il emportait des vivres, le fusil double avec des munitions et mit à la voile par beau temps et un vent propice.

Je restais donc seul et j'eus des heures pénibles. La solitude me pesait plus que jamais. J'étais généralement plongé dans des rêves fiévreux qui ressuscitaient tous les événements terribles de notre odyssée en les aggravant ; les cauchemars se succédaient. Parfois je croyais entendre des voix devant la porte et quelqu'un essayer de l'ouvrir. Je bondissais de ma couche dans une angoisse mortelle et sortais voir, toujours le jouet de mon imagination malade. L'air frais me rendait la conscience pour un instant, mais, dès que je me rappelais mon isolement, les angoisses fiévreuses me reprenaient. Sur la table, à côté de mon lit, étaient préparées des boîtes de nourriture et des tablettes de quinine, ainsi que de l'eau potable, par les soins du fidèle Konrad. Mais l'appétit manquait et je ne prenais que rarement une gorgée avec un peu de quinine. Puis je jetais quelques bûches dans le poêle et me hâtais de m'étendre de nouveau, tout courbaturé.

Konrad ne revenant pas après deux jours pleins, je fus tourmenté par la pensée qu'il lui était arrivé un malheur. Le soir du 17, je mis ma fourrure et m'assis devant la porte dans l'attente. La tempête hurlait sur tous les tons. Ces symphonies émeuvent même des gens en parfaite santé : elles ne pouvaient qu'augmenter ma tristesse. Des torrents se précipitaient en mugissant du haut des rochers. Les eaux fondues minaient les tas de glace et de neige qui s'effondraient avec un horrible fracas, ébranlant tous les environs comme un tremblement de terre. C'est surtout de nuit que ces bruits devenaient sinistres, et évoquaient l'idée d'un sabbat sauvage de démons. Ils m'obligeaient à me lever presque chaque nuit pour aller voir à la porte si tout n'était pas écroulé, tant le grondement des éléments semblait proche.

Je restai éveillé pour attendre Alexandre. Vers quatre heures du matin, je distinguai dans la direction de l'île Bell un point confus qui bougeait. Serait-ce sa barque ? La glace dérivait lentement vers le sud, de sorte que le point sombre tournait vers le nord. Enfin, je vis quelque chose briller sur ses deux côtés, en un mouvement rythmé, avec des pauses régulières. Pas de doute ! C'était un bateau à rames ; les éclaboussures étincelaient au soleil. Au bout d'une heure, il disparut derrière un ressaut de la côte, et, à six heures, je pus reconnaître Alexandre, longeant la rive. J'allai au-devant de lui.

Il était seul. Quand nous nous saluâmes, il ne put se contenir et sanglota ; il n'avait rien trouvé. Il lui avait été impossible de pousser jusqu'au cap Grant, à cause de la glace flottante, mais il le voyait tout entier à la longue-vue, il avait donné tous les signes de vie possibles, crié, tiré, gesticulé, passé toute la nuit en vue du cap… pour rien.

Néanmoins nous nous cramponnions à un dernier espoir et décidâmes une deuxième exploration en commun, dès que nos quartiers d'hiver seraient prêts.

Nous ne pouvions passer l'hiver dans la petite hutte trop exposée et froide. Il fallait nous résigner au travail gigantesque de restaurer la grande maison. Nous nous y sommes mis dès le lendemain. Il fallait d'abord enlever les planches de la porte et des fenêtres et sortir tout ce qui était hors d'usage. Les cabines furent démontées, les murs devant rester nus. Un bon feu aurait raison de l'humidité. Nous comptions laisser le poêle à sa place, mais nous vîmes bientôt qu'il ne pourrait plus servir ; nous l'avons démoli et en avons construit un en tuiles. Il aurait le double avantage de conserver mieux la chaleur et d'être plus commode pour faire la cuisine. Les matériaux étaient sous la main et le potier aussi, en la personne d'Alexandre. Mais il fallait encore réparer le plafond et le toit, en employant des mottes de gazon et de la mousse, dont il y avait de grandes provisions, datant sans doute de Jackson, qui avait, paraît-il, projeté un élevage de rennes. Nous travaillions tous les jours de sept heures du matin au soir, ne nous accordant une courte pause qu'à midi et pour le thé.

À cette occasion, nous fîmes encore des trouvailles, par exemple, sous une cabine, plus de 1 000 cartouches pour le fusil Ziegler, que nous espérions remettre en état.

Nous avions déjà eu trois visites d'ours, sans réussir à en abattre. Ils montraient une extrême prudence et restaient hors de portée. Ils fuyaient à notre vue, plongeaient et ne remontaient que longtemps après sur un glaçon. Et pourtant leur chair nous était aussi nécessaire que le pain quotidien, car l'hiver approchait et les plus parfaites conserves ne sauraient remplacer à la longue la viande fraîche. Les morses nous auraient autant convenu à cause de leur graisse, mais il nous fallait avant tout une bonne arme à longue portée.

Nous rassemblons tous les lambeaux d'habits et de peaux de rennes épars, pour les sécher sur le toit et puis nous en servir pour raccommoder nos loques. Car nous projetions un vrai petit atelier de couture, pour lequel Ziegler nous fournirait aiguilles, fil et ciseaux. Nous confectionnerions du linge avec de vieilles voiles et une toile déchirée provenant aussi de Ziegler. Ce travail remplirait nos journées d'hiver et commencerait dès notre retour de l'expédition au cap Grant.

Dans les débris sortis de la grande maison, Konrad trouva une bague à tabac russe, perdue sans doute par un des hommes de Sedov, et qui nous causa une joie immense ; car depuis la fin du tabac du Santa Anna, c'est-à-dire depuis au moins un an, nous avions fumé tous les « ersatz » possibles, jusqu'au varech de vieux matelas moisis. Faute de pipes pour aspirer selon les règles ce qu'un heureux hasard nous procurait, nous en fabriquons une, en papier, et bientôt les petits nuages bleus s'élèvent. Seul celui qui a éprouvé cette privation peut se représenter notre joie.

Les soirées suivantes, agrémentées de petites besognes, nous échafaudions toutes sortes de plans d'avenir…

Mais voici un petit récit qui va illustrer un peu notre affaiblissement d'esprit d'alors.

La première vue des inscriptions de Sedov et des deux boîtes de tôle fixées à la grande maison m'avait persuadé, sans raison sérieuse, qu'un navire d'Arkhangelsk arriverait encore cette année ici. Cette idée s'était ancrée dans mon esprit au point que j'attendais sûrement cette arrivée en août. Je trouvai même bientôt les motifs suffisants d'un retard de ce vapeur imaginaire. Des accumulations inattendues de glaces, concluais-je, pouvaient fort bien l'obliger à remettre son voyage à l'an prochain. En prévision, nous réparions la grande maison, réunissions des provisions de toutes sortes et entreprenions le raccommodage de nos habits. Apercevant d'ici la mer libre jusqu'à la distance de 90 milles, nous étions convaincus

qu'au sud aussi il ne devait guère y avoir de glace et qu'un vaisseau parviendrait jusqu'à nous sans trop de peine. L'intérêt psychologique de cette affaire est que ma conviction ne reposait sur rien, mais était si enracinée que je jugeai inutile d'ouvrir les dites boîtes postales et d'en examiner le contenu. Leurs lettres m'auraient fourni bien des renseignements importants, et aujourd'hui, à tête reposée, je m'étonne de cette omission autant que n'importe qui. Que de fois suis-je passé devant sans tourner la tête ! Et pourtant je me félicite de n'avoir pas lu ces lettres, qui auraient sans doute modifié tous mes plans et causé peut-être notre perte, comme nous le verrons tout à l'heure.
Bref, nous attendions patiemment la suite de nos aventures. Le dur nettoyage de la grande maison était à peu près terminé. Nous n'avions plus qu'à pendre la crémaillère et à entretenir un feu continuel dans notre fourneau à tuiles pour sécher à fond le local…

Le Santa Foka durant son hivernage.

Chapitre XII

Voilà le navire !

Le 20 juillet, vers six heures du soir, le travail quotidien fini, j'allai préparer le souper dans notre « villa ». Konrad était resté à achever quelque ouvrage dans la grande maison. En sortant, je m'attardai quelques instants à l'air qui me faisait toujours grand bien après un séjour dans la chaleur humide et malsaine. Mes regards erraient sur la mer, sans la nostalgie qui me tourmentait d'ordinaire dehors. Le temps était calme et tiède, avec un léger brouillard. Le long de la côte dérivaient, comme presque toujours, des glaçons, grands et petits, dont quelques-uns portaient des morses contemplatifs qui, cette fois, éveillèrent plus fortement mon désir de chasser et j'allais retourner chercher mon fusil et prévenir Konrad, quand mon regard resta enchaîné à une apparition étrange… Était-ce encore une hallucination ? Non, pure réalité ! Je voyais parfaitement deux mâts se dresser au-dessus de l'eau, l'un plus élevé, le mât de misaine, l'autre sans hune, le mât d'artimon, et entre eux une cheminée, d'où montait une fine fumée. La coque était dans le brouillard et indistincte. La distance pouvait être évaluée à 2 milles. Quand je fus bien assuré que ce n'était pas un mirage, je demeurai pétrifié, mon pouls galopait.

Revenu de ma stupeur et retrouvant ma voix, je criai de toutes mes forces : Alexandre, un vaisseau ! Et bientôt la coque sortit du brouillard et je reconnus le Santa Foka que j'avais vu bien souvent au port d'Arkhangelsk, alors qu'il devait mener Sedov vers le Nord. Alexandre crut d'abord que je délirais encore, car il me dévisagea avec défiance. De la main je lui indiquai le navire, qui stoppait, évidemment pour chercher l'accès de la côte à travers les glaçons. Il ne se remit en marche que très lentement, mais nous voyions bien l'intention du capitaine de jeter l'ancre. Quel autre but aurait-il ? Il venait reprendre Sedov qu'il avait déposé ici un an plus tôt. Aussitôt nous montons sur le toit de la grande maison, hissons le pavillon amené du Santa Anna et tirons une série de coups de fusil. Dans mon agitation, je lâchai à la fois les deux coups de fusil double et me blessai l'index de la main droite sans y prendre garde car je continuai à tirer. Ce n'est qu'après que je vis ma main en sang.

On me demandera peut-être pourquoi l'approche du navire nous bouleversa tant, puisque nous comptions sur son arrivée. Je répondrai que nous l'attendions au plus tôt en août, moment de la plus grande facilité de naviguer dans ces régions. Notre joie face à cet événement prématuré était bien compréhensible; il nous apportait la certitude de la délivrance et du retour.

Le navire n'aperçut d'abord pas nos signaux et n'entendit pas nos coups de feu. Le brouillard s'appesantit bientôt, et déroba le Santa Foka à notre vue. Mais il allait jeter l'ancre sans nul doute, et nous courûmes à notre « villa » pour préparer notre rencontre avec des civilités et ne pas nous montrer en nos sales haillons. Notre « habit du dimanche » séchait déjà sur les pierres devant la maison; nous l'avions lavé et relavé avec des cendres. Mais il fallait d'abord le débarrasser de ses cadavres de bécasses, nous savonner nous-mêmes vigoureusement (Ziegler nous avait fourni de quoi) et puis nous changer vite. Ce fut fait aussitôt et nous eûmes alors un air aussi convenable que les circonstances le permettaient. Nous avions même nettoyé et graissé nos bottes. Dans un salon, nous aurions sans doute encore fait tache.

Notre aspect ainsi rendu présentable, nous gagnâmes la rive pour aller en kayak au-devant du navire, malgré l'épais brouillard qui persistait. Je saisis de loin quelques paroles de l'équipage et entendis l'aboiement des chiens ; et déjà la silhouette du bateau se précisait. Enfin on m'aperçut. J'agitai mon béret en signe de bienvenue. Tout le monde accourut sur le pont et l'on m'examina avec grande curiosité, puis l'on brandit aussi les bérets et un formidable hourra m'accueillit. Une joyeuse émotion éclairait tous les visages. Cet accueil me toucha profondément, j'étais quelque peu troublé par cette suite si rapide des événements. Et m'imaginant qu'on allait me prendre pour Sedov ou l'un de ses compagnons, je me hâtai de crier : « Messieurs, Sedov n'est pas encore arrivé ». Mais cette nouvelle ne sembla faire aucune impression et je poursuivis : « Je suis le pilote Albanov, de l'expédition Broussilov. J'ai quitté le Santa Anna, il y a trois mois et atteint le cap Flora ». La réponse fut un cri unanime d'admiration et un nouvel hourra, plus retentissant encore, fendit l'air. Je demandai s'il n'y avait pas à bord des lettres pour le Santa Anna. Je ne sais moi-même comment cette question vint sur mes lèvres. J'appris alors que le Santa Foka ne venait pas d'Arkhangelsk, comme je supposais, mais de l'île Hooker, où Sedov avait hiverné. Cette île est à 30 milles du cap Flora, vers le nord-est. J'appris encore que Sedov était mort dans sa marche vers le pôle et reposait dans la Terre du Prince Rodolphe, enfin, que le navire voyageait depuis deux ans comme nous et était sans nouvelles du monde. Je poursuivais cet entretien en avançant le long du navire qui allait doucement. Tout à coup je fus effrayé par de grands cris : Attention, attention ! Un morse nage derrière vous ; montez à bord ! En même temps partaient plusieurs coups de feu. Je me retournai et vis un de nos vilains ennemis, qui voulait agripper mon kayak. Plusieurs balles arrêtèrent à temps sa poursuite et le firent plonger. Cependant le Santa Foka jeta l'ancre, je montai à bord et saluai cordialement l'équipage. Nous nous embrassâmes tous et aussitôt s'engagea un feu roulant de questions et de réponses. Nous échangions l'essentiel de nos aventures. J'appris entre autres choses que, de son hivernage en Nouvelle Zemble, Sedov avait déjà l'année passée demandé à Saint-Pétersbourg un prompt envoi de charbon, de sorte que ses gens avaient cru d'abord voir en moi le capitaine ou le pilote du charbonnier attendu.

Le Santa Foka était sans moyen de chauffage. Rien que pour pouvoir quitter l'île Hooker, on avait sacrifié l'entrepont, les cloisons, bref tout ce qui n'était pas indispensable. Même tous les morses capturés allaient dans le poêle. Quand j'aperçus le navire, il stoppait faute de charbon et d'autres parties avaient dû être cassées pour remettre la machine en route.

Il ne venait du reste au cap Flora que pour démolir la maison et le hangar nettoyés par nous et avec tant de peine. À l'aide du combustible ainsi obtenu, le capitaine espérait franchir à la vapeur la ceinture de glace qui lui barrait le retour vers le sud et continuer ensuite à la voile.

Lorsque l'équipage apprit le triste sort de mes compagnons, on décida unanimement de gagner le cap Grant, dès qu'on aurait chargé le matériel, pour rechercher mes gens.

Alors Konrad fut aussi amené à bord et le capitaine nous invita à souper au mess. Y prirent part : le remplaçant de Sedov, le Dr P. Koushakov, le commandant du navire, N. Sakharov, le physicien V. Vize, le géologue M. Pavlov et le peintre N. Pinegin. On nous fit une réception presque princière. Le menu se composait d'un délicieux pain blanc croustillant, d'œufs frais, de conserves et d'un rôti de morse, avec un verre de vodka. Dessert : thé avec lait et biscuit. Nous étions on ne peut plus heureux de nous retrouver en société de personnes qui semblaient issues d'un monde devenu pour nous tout à fait étranger. Il y avait au mess un beau piano, où M. Vize joua en maître. À cette musique de table se joignit un excellent gramophone au répertoire très riche.

Après le dessert, je priai notre hôte de nous permettre de nous laver et, si possible, de changer d'habits car durant tout le repas j'avais eu peur de voir mes manches prendre vie ; les bécasses semblaient vouloir jouer aussi leur rôle ici ! Ma prière fut aussitôt exaucée et en peu d'instants nous étions les heureux possesseurs de linge et de vêtements propres. Chacun nous donna ce dont il pouvait se passer. C'est dans la machinerie que nous avons revêtu le « nouvel homme » des pieds à la tête, après nous être bien lavés et rasés.

Je me sentais comme revenu à la vie et une félicité inconnue me pénétrait dans ce cercle d'amis si secourables. Nous étions déjà comme rapatriés, alors qu'il nous restait pourtant un si long voyage à faire. Le fait que le Santa Foka était assez désemparé et n'avancerait qu'avec lenteur faute de combustible ne nous préoccupait guère. Mais soudain la machinerie s'anima ; j'entendis le bruissement et le sifflement de la vapeur et le mouvement de la pompe. Notre entourage n'avait d'autre sujet de conversation que : « Quand remettrons-nous les pieds sur le continent et jetterons-nous l'ancre en pays habité ? »

Je passai la soirée avec le Dr Koushakov qui me raconta à grands traits l'histoire de l'expédition et ses vicissitudes jusqu'à ce jour. J'appris ainsi qu'un détachement conduit par Vize avait été l'hiver dernier en traîneau au cap Flora, y avait déposé la poste et que M. Vize avait passé quelques jours dans la petite hutte que j'occupais maintenant avec Konrad et où nous avions constaté les vestiges d'une visite récente. Vize était allé aussi à l'île Bell et j'eus la grande surprise d'apprendre à ce propos que la côte nord-ouest de cette île portait un refuge construit par Leigh Smith une quarantaine d'années auparavant et renfermant un petit dépôt de vivres et une bonne chaloupe. Si je l'avais su ! Et dire que nous étions à trois cents pas quand nous cherchions des nids d'eider en inspectant le port Eira. Nous avions rebroussé chemin juste avant d'y arriver.

Ces quelques pas que nous avons omis de faire eurent des conséquences bien graves. Car, sans cela, Lounaiev et Shapakovsky auraient été sûrement sauvés aussi et seraient assis maintenant avec nous à bord. Ils se seraient reposés dans la hutte et y auraient repris leurs forces. Pour Nilsen, c'eût été trop tard, il était déjà marqué par la mort. Réconfortés et réapprovisionnés, nous aurions pu, avec la solide chaloupe, risquer la traversée du détroit de Miers, après avoir pris connaissance du billet de Vize relatant le sort de son expédition. La tempête et ses suites douloureuses nous auraient été épargnées. Que c'est affligeant d'apprendre cela trop tard, quand l'irréparable est consommé et qu'aucun regret n'y peut plus rien changer !

Mais il faut avouer pourtant que le malheur s'était alors attaché à nos talons.

Les gens de Sedov s'étonnèrent que je n'eusse pas lu leur poste et m'en demandèrent la raison. Je ne pus leur en donner, mais je crois avoir bien fait. J'aurais appris que le Santa Foka n'hivernait qu'à 40 milles de moi, ce qui m'aurait jeté dans un terrible embarras car je n'aurais su que faire.

Aurais-je dû aller en kayak à l'île Hooker ? La barque était trop grande pour deux hommes. Il fallait penser aussi que le Santa Foka rentrerait directement, sans passer au cap Flora. Nous n'aurions pu partir avant le 18 juillet ; j'étais trop malade jusque-là. Nous aurions navigué à travers le canal de Miers, où nous avions de l'eau libre, d'autant plus qu'il nous était totalement inconnu du côté est de l'île Northbrook, et trop large et trop peu protégé pour nous. Mais le Santa Foka est justement arrivé par ce côté est le 20 juillet. Nous nous serions donc manqués et aurions atteint l'île Hooker après son départ, ce qui aurait augmenté notre découragement et nous aurait obligé à refaire aussitôt les 40 milles pour trouver au cap Flora notre abri démoli par les gens du Santa Foka. Ainsi j'ai peut-être sauvé nos vies en n'ouvrant pas ces boîtes aux lettres !

Le lendemain, tout le monde descendit à terre pour démonter la grande maison et transporter les planches à bord. Il fallut donc caser dans la hutte les provisions réunies par nos soins avec tant de peine. On y joignit des conserves, du biscuit et d'autres vivres ainsi que deux fusils et cinq cents cartouches, le tout cédé par le Santa Foka pour le plus grand bien des navigateurs qui s'égareraient par ici. C'est ainsi que d'un jour à l'autre notre confortable « villa » devint un refuge polaire.

Ce serait trop dire que de prétendre que tout l'équipage du Santa Foka s'estimait en pleine sécurité. L'inquiétant manque de combustible et les fréquentes collisions avec les glaçons donnaient bien des soucis. Car le navire était vieux, très affaibli et avait déjà une voie d'eau. Chacun de nous était tenu de travailler deux fois trois heures par jour à la pompe pour empêcher le bateau de couler.

23 juillet — Vent S.S.O. Nous avons atterri dans la baie Gunther au nord de l'île Northbrook, sur la rive ouest de laquelle nous trouvons ensuite une chaloupe bien conservée, que nous prenons dans l'éventualité de devoir abandonner le navire.

25 juillet — Enfin le Santa Foka a repris sa marche, laissant dans l'île Northbrook deux billets en boîtes soudées : l'un porte le résumé de mon voyage depuis mon départ du Santa Anna, l'autre un récit de l'issue de l'expédition Sedov par le Dr Koushakov. Le Santa Foka doit maintenant aller d'abord au cap Grant à la recherche de nos amis perdus puis rentrer sans délai.

La cabane de bambou du cap Flora. Dessin d'Albanov.

L'arrivée du Santa Foka. Dessin d'Albanov.

En 1881, B. Leigh Smith passe à port Eira et y construit cette solide hutte « pour les besoins de tous les naufragés dans ces régions inhospitalières ».

Chapitre XIII

Départ de la Terre François-Joseph

25 juillet — Nous levons l'ancre à neuf heures du soir et nous voguons — non, nous ne voguons pas, nous glissons vers l'île Bell, que nous voulons explorer d'abord, au cas où nos compagnons se seraient arrêtés au refuge Eira.

Nous avons du combustible pour trois jours, pendant lesquels il faut faire le plus de chemin possible. Pourvu que la glace ne nous entrave pas ! Et que les vents nous soient favorables, pour pouvoir demander moins à notre machine.

Dimanche, 27 juillet — Je n'ai pas eu un instant hier à donner à mon journal : j'ai fait le quart, et le sommeil nécessaire a rempli les quelques heures restantes. Réparons l'omission.

Arrivés à l'île Bell le 26 à deux heures du matin, nous voyons de loin le refuge de Leigh

Smith, placé à un endroit ouvert et bas. Je ne puis comprendre qu'il ait échappé à notre vue la première fois. Façonné en planches, il est très bien conservé malgré son âge. Mais nulle trace de nos camarades. Personne en dehors de nous n'est venu dans l'île. C'est en vain que nous révélons notre présence en tirant et en sifflant. Nous gagnons donc le cap Grant. La glace côtière nous force à rester à 4 milles du rivage, que nous dûmes nous contenter d'explorer à la longue-vue, en réveillant ses échos par les bruits ordinaires, tout aussi inutilement. Notre devoir rempli dans la mesure du possible, nous avons repris la direction du sud, d'abord à la voile, puis bientôt à la vapeur. Les îles de l'archipel disparurent définitivement vers midi. Nous avions navigué vingt-quatre heures en eau libre. Adieu Cap Flora !

Le 27, vers trois heures du matin, des paquets de glace nous détournèrent vers l'ouest. Ils étaient dispersés, mais pourtant difficiles à passer pour un voilier. La température de l'eau baissait. Vers midi nos mesures donnèrent une latitude de 78°23', résultat satisfaisant. Nous avons encore pour un jour et demi de combustible et nous avançons bien à la voile, quoiqu'il ait fallu louvoyer entre les glaçons. Une ourse avec deux petits passa sur un glaçon. Nous fîmes retentir la sirène et aussitôt les trois disparurent dans les flots.

Il y avait, d'ailleurs, à bord du Santa Foka, quatre ours vivants, dont deux avaient déjà deux ans, si apprivoisés qu'ils n'étaient à la chaîne que parce qu'en liberté, ils ne faisaient que des bêtises, volant, déplaçant, cassant tout. Vis-à-vis des humains, ils se montraient tout à fait pacifiques, à moins d'être excités. Ils jouaient souvent avec les chiens et, dans leurs querelles inévitables, ces derniers sortaient d'ailleurs vainqueurs. Quand le « malentendu » dégénérait trop, M. Pinegin ramenait vite la paix à coups de fouet.

28 juillet — Nous faisons voile jusqu'à quatre heures du matin par un épais brouillard, louvoyant entre les glaçons. En voulant changer de direction, le vaisseau fut poussé contre un grand champ de glace dont nous ne pouvons plus nous détacher malgré tous nos efforts. Nous nous y appuyons donc avec l'ancre à glace, attendant les événements. Vers neuf heures et demie nous avançons à la voile et à la vapeur et atteignons bientôt un canal ouvert qui s'étend vers le sud-sud-est. Vers midi nous étions sous le 77°48'. Si nous pouvions

alimenter la chaudière encore un jour et demi, nous sortirions sûrement de la ceinture de glace ; mais nous ne comptons plus que sur une heure et demie de vapeur. Pendant que j'écris, on passe une nouvelle revue de l'intérieur du navire : parois, appuis, tout ce qui ne tient pas directement à la carcasse, est impitoyablement sacrifié à la hache. Pas une seule cabine n'est épargnée et nous passerons tous la nuit sur le pont. M. Vize propose de livrer aussi le piano aux flammes. Nous ne nous y résignons pas encore, dans l'espoir d'éviter tout de même un tel vandalisme. On dit même que les hunes du beaupré et la hune du mât de devant sont déjà comptées.

29 juillet — Pris dans la glace ! Hier soir vers onze heures, la glace se resserra tout à coup tellement qu'il fut impossible de passer, même avec la machine. Il fallut nous mettre au repos à l'ancre de glace. Drôle de dortoir que notre pont, où caisses et piles de bûches prennent presque toute la place.

31 juillet — Épais brouillard. Nous sommes encore pris dans la glace. Nous avons enlevé la hune du mât d'avant, le beaupré et la vergue à corne et sommes activement occupés à les scier. Notre machine dévorera la dernière bûche et nous

ne serons pas encore tirés d'affaire. Voiles de réserve, rouleaux, matelas, tout ce qui n'est pas d'absolue nécessité, on l'empile dans les niches à charbon comme dernier atout. On songe aussi déjà sérieusement à démonter l'arrière-pont. La grande voie d'eau rend notre situation chaque jour plus inquiétante. L'eau y monte jusqu'à 50 pouces et au delà. N'ayant pas de pompe à vapeur, il nous faut pomper sans interruption.

Le temps a changé hier soir; le brouillard s'éclaircit, le vent du N. se calma et nous dérivâmes vers le sud avec la glace. Un vent du N. très frais souffla pendant la nuit et le brouillard disparut vers le matin.

À cinq heures et quart du matin, nous retirons l'ancre, hissons toutes les voiles et voguons vers le sud. La glace que nous rencontrions devenait de plus en plus faible et notre vieux navire atteignait la vitesse surprenante de 4 à 5 milles à l'heure. Nous ménageons notre vapeur si chèrement acquise et dont nous aurons encore tant besoin et continuons pour le moment à la voile. Vers trois heures de relevée, les masses de glace resserrées nous arrêtent de nouveau. Nous devons prendre patience et attendre. Enfin le vent du N. revint à la force 5.

6 août — Mon journal a eu cinq jours de repos. Je n'ai pas eu un instant pour le prendre en main et d'ailleurs je n'aurais guère eu de plaisir à formuler mes impressions pendant ces vilains jours. La glace nous reprit, et cette fois de tous côtés. Notre position était telle que nous ne semblions plus pouvoir sortir de ce traquenard, tant la glace était amoncelée. Nous songions déjà à abandonner le vaisseau pour gagner la Nouvelle-Zemble dans la grande chaloupe. Les vivres étaient prêts à cet effet depuis des jours. Impossible de passer le long hiver à bord d'un bâtiment qui n'avait plus que la coque et la machinerie, sans parler du manque d'approvisionnements. Nous n'avions donc pas le choix. Si le navire n'était pas bientôt délivré, il nous faudrait tenter d'atteindre la Nouvelle-Zemble à pied sur la glace. Après de longs débats, on résolut d'attendre encore quelques jours, pendant lesquels nous ferions l'impossible pour augmenter notre combustible. Puis, si rien n'était changé, le mot d'ordre serait : « Graissez vos bottes, Messieurs, pour la promenade forcée à la Nouvelle-Zemble, et levez bien vos jambes. » Perspective peu séduisante !

Pour comble de malheur, l'état de santé de l'équipage n'était pas de nature à faire envisager cette éventualité sans crainte. Deux des hommes étaient presque paralysés des jambes, suite des terribles hivernages qu'ils avaient endurés, ils se traînaient à quatre pattes, bien que valides au reste. L'un deux servait même comme chauffeur. Enfin, le 4, se leva un très frais N.O., le froid devint sensible et la glace bougea. Hier déjà quelques lacs se formèrent dans notre voisinage. Vers le sud s'ouvrit même un canal bien visible de la hune, à ce que nous dit le capitaine qui alla voir lui-même. Vers le sud aussi on constata un ciel d'eau. Aussitôt on chauffa les chaudières et l'ancre fut retirée vers minuit. Le navire se mit en mouvement vers le sud à la voile et à la vapeur et réussit à se frayer un passage. Nous avançâmes durant la journée, bien que lentement. Tout ce qu'on trouva encore à brûler fut alors sacrifié : la petite cabane de l'avant, de nombreuses poutres transversales de l'entrepont, un tonneau de goudron oublié qui nous vint fort à propos, etc. Et pourtant la machine ne fonctionna que jusqu'à neuf heures. Puis un vent modéré nous poussa encore un peu vers le sud, mais il tomba subitement et les voiles pendirent à l'intérieur des vergues.

Cependant nous n'étions plus trop loin de la mer libre ; le pouvoir de la glace était brisé. Nous sentions déjà l'influence de l'eau au balancement caractéristique du bateau. Ce roulis par saccades est pour le marin un signe infaillible de la proximité de la mer ouverte. Beaucoup de phoques nous suivaient pour s'ébattre dans notre sillage et des essaims de mouettes nous accompagnaient dans les airs.

7 août — Calme plat toute la nuit ; vers le matin, léger N.E. suffisant pour gonfler nos voiles et qui nous fit faire presque 1 mille en une heure. À midi, 75°16' de latitude N. et 46°45' de longitude E. À mesure que nous nous rapprochions du sud, les masses flottantes perdaient de leur dimension et de leur force ; elles s'étendaient sur la surface infinie de l'océan et ne constituaient plus de danger sérieux pour notre navire. Le temps était beau, une lueur vaporeuse planait sur l'horizon.

Enfin, vers quatre heures de l'après-midi, vint le moment suprême où nous avons laissé toute la glace derrière nous. La mer éternelle s'étalait à nos yeux dans sa majestueuse immensité jusqu'à la côte mourmane, où le puissant empire russe a sa limite la plus septentrionale. Les vagues brillaient de ce profond bleu caractéristique des régions où le Gulf Stream s'avance loin dans la mer de Barents. Grâce à Dieu, nous étions désormais sur la « grande route » et pouvions nous diriger droit sur la pointe Sviatoï, le cap Saint, à l'entrée de la mer Blanche, renonçant à notre plan primitif de gagner la Nouvelle-Zemble. Le choix n'était pas aisé, car, vu l'état lamentable du bateau, nous aurions atteint plus sûrement ce premier but, où nous aurions longé la côte, recueilli beaucoup de bois flotté et, en cas de besoin, trouvé un refuge dans des baies sûres.

Mais le désir de rentrer au plus vite l'emporta : 400 milles nous séparaient du cap Saint. Nous parcourions à la voile la mer libre, à bord d'un navire, presque vide, donc sans lest, ce qui nous accélérerait fort et cet itinéraire raccourcirait notre chemin d'au moins 200 milles ? Cette considération nous décida. Les matelots furent dispensés du pilotage et n'eurent plus qu'à manier la pompe à tour de rôle, tandis que les officiers se succédaient au gouvernail.

Tout le jour, il ne souffla qu'une faible brise à peine capable de gonfler nos voiles. Mais ce calme ne nous inquiétait guère car cette saison est coutumière des vents du nord dans ces parages.

8 août — Malgré le peu de vent, il nous semblait que nous avancions et nous estimions avoir dépassé le 75° dès le matin. Quel fut donc notre étonnement de constater vers midi 75°16', la même latitude que vingt-quatre heures auparavant. Nos calculs étant absolument sûrs, il fallait chercher une autre cause, probablement le Gulf Stream. À l'aube, l'eau avait une température de -2°C, à midi +2°C et le soir +3,4°C. Plus une ombre de glace ! Le matin, le vent venait du N.E. et, dans le courant de la journée il tourna vers l'E. Le bateau tanguait fort et notre allure s'accélérait. Vers le soir, nous faisions déjà 5 milles à l'heure. Nous espérons garder cette allure.

Dimanche, 10 août — C'était une illusion. Car nous ne trouvons aujourd'hui que 74°18' et n'avons donc pas même parcouru un degré en vingt-quatre heures, encore, sans nul doute, à cause des puissants courants. L'eau est à +5,8°C. Quels qu'en fussent les motifs, nous n'avancions que lentement, avec des vents défavorables.

Le 16 août, j'étais au gouvernail. Le faible vent d'E. gonflait à peine les voiles et nous ne faisions qu'environ 2 milles par heure. La chaleur était forte et j'avais peine à croire que nous venions d'être assiégés par une épaisse glace et méditions de gagner la Nouvelle-Zemble à pied. Nous approchions de la côte mourmane, qui pouvait surgir à tout instant des nuées de brouillard. Je surveillais l'horizon brumeux avec la plus grande attention, pour être le premier à apercevoir la terre ou un vaisseau venant à notre rencontre. Sur la passerelle du commandant, je ne m'ennuyais guère car l'on y montait sans cesse pour interroger l'horizon à la longue-vue. Chacun aurait voulu être le premier à crier : Terre !

Tout à coup une sombre bande ondulée reluit dans le brouillard. J'hésite un instant, y regarde de plus près et reconnais admirablement la côte lointaine, le nord de la Laponie. Je pousse un joyeux hourra !

Cependant, nous nous lassions tous de cette lente navigation (c'était bien une « poste d'escargot »), après avoir rêvé d'un vapeur qui nous remorquerait jusqu'à Arkhangelsk ou du moins nous prêterait du charbon. Mais rien ne se montrait. Nous scrutions avidement la mer, pour ne pas manquer le moment d'agiter le pavillon tout prêt. Environ une heure après que j'eus signalé la terre, nous vîmes de petits nuages de fumée monter en spirales à l'horizon. Encore une heure, et le vapeur attendu apparut. Mais c'était un étranger venant d'Arkhangelsk avec un gros chargement de bois. Sa direction était loin de la nôtre et nous doutions qu'il s'arrêtât, puisque nous avions encore la ressource de voiles. À tout hasard nous hissons le signal d'alarme, à peine visible. Le vapeur passe. Nous poursuivons donc notre route, nous rapprochant lentement de la côte, de plus en plus distincte. Cependant, nous n'étions pas en mesure de décider si nous nous trouvions près du phare Harlow ou sur un autre point de la rive mourmane. Quoique la nuit vînt, on ne voyait pas la lumière du phare. Nous tournons alors vers le sud-est, longeant le rivage. Vers dix heures du soir, nous venions, de souper, nous aperçûmes les lumières d'un autre vapeur. Il s'approchait vite, inondé de lumière électrique, de sorte qu'il se détachait nettement de l'obscurité. Ce ne pouvait être qu'un vapeur à passagers de la Compagnie Arkhangelsk-Mourmansk, qui relie Arkhangelsk et les ports de pêche de la côte au port norvégien de Vardo. Impossible de souhaiter mieux, car, s'il le voulait, il nous remorquerait vers n'importe quelle localité côtière.

Le Santa Foka se place vite contre le vent, ses fusées d'alarme craquent dans l'air et nous allumons aussi de faux feux. Nous étions sûrs que le vapeur, qui ne pouvait manquer d'apercevoir nos signaux, viendrait s'enquérir de notre détresse. Mais point du tout ! Interdits, nous nous regardons en silence. Il continue sans s'occuper de nous. Nous faisons un nouvel essai en allumant au gaillard d'avant des paquets d'étoupe imbibés de pétrole, qui plongent notre vieille boîte en une mer de flammes. Le vapeur n'y fit pas plus attention et s'éloigna en vitesse. Que faire ? Comme dernier expédient, nous lâchons quelques coups de nos canons à baleines. Ce fut une vraie canonnade, nos artilleurs manœuvraient comme au champ d'exercice !

Ce moyen ne sembla pas manquer son effet, mais non celui que nous attendions. Le vapeur, qui n'était pas loin, disparut soudain comme le vaisseau fantôme de Wagner. Nous écarquillâmes les yeux : était-ce réellement un bateau ? Oui, mais il éteignit toutes ses lumières en un clin d'œil et disparut dans la nuit. Cette surprise nous impressionna fort et nous rendit un instant muets ; puis, comme sur commandement, tous les hommes lâchèrent un vilain juron à l'adresse de l'indigne capitaine qui ne jugeait pas notre détresse digne d'attention. Et c'était un vapeur de chez nous ! La conduite de l'étranger ne nous avait pas émus outre mesure car nous n'étions pas certains qu'il nous ait vus. Le cas du Russe était tout différent. Il s'était dérobé à son devoir évident, et sa conduite n'était pas étrange, mais vile.

Notre capitaine chercha toutes les explications possibles et s'arrêta à celle-ci : quand les pêcheurs russes — pomores — sont ivres, ils allument dans leurs barques des feux d'alarme, auxquels les grands navires se sont bien souvent laissés prendre. Lorsqu'ils s'approchaient, la manœuvre des pêcheurs se révélait simple méchanceté, dont aucun ne pouvait être rendu responsable, tous étant ivres. Les capitaines victimes de ces vilenies ne s'inquiétaient plus de ces signaux à proximité de la côte. Mais cette explication nous parut insuffisante. Un bateau qui fait des signaux d'alarme ne peut pourtant pas, même dans la zone côtière, être livré à la fantaisie d'un capitaine capricieux. Ce serait contraire à tous les usages marins consacrés par les siècles. Par bonheur, nous n'étions pas précisément en extrême péril. Ne pouvant obtenir de combustible, il nous fallait, bon gré mal gré, continuer à l'allure d'escargot, ce que nous fîmes toute cette nuit.

À l'aube, nous constatâmes que nous avions dépassé la veille le phare Harlow. Le vent étant contraire, il ne nous sembla pas prudent de rester à voile jusqu'à Arkhangelsk et nous résolûmes d'aborder au prochain poste télégraphique, pour demander l'aide sollicitée en vain jusqu'à présent.

Près du village de pêcheurs de Rynda, nous rencontrons une barque de pêche, un escargot, comme on les appelle, montée par quelques hommes : c'étaient les premiers que nous revoyions depuis notre départ deux ans auparavant. Ils avaient reconnu de loin le vieux Santa Foka ; ils furent les messagers du destin et nous reçurent, près de la patrie, avec de bien tristes nouvelles. Comme pressentant quelque malheur, nous leur demandons : « Dites-nous donc ce qui se passe dans le monde ! Une guerre aurait-elle éclaté en notre absence ? » Ils nous regardèrent consternés, puis s'écrièrent d'une voix : « Comment ? Vous ne savez pas qu'une guerre furieuse s'est déchaînée, partant de Serbie ? Allemands, Autrichiens, Français, Anglais, Serbes, presque le monde entier est sous les armes. » « Et qu'en est-il de la Russie ? continuons-nous, tout bouleversés de ce que nous venions d'apprendre.

Certes, la Russie, elle aussi combat, aux côtés de la France, fut la réponse. Mais c'est une guerre européenne s'écria l'un de nous. En effet, c'est ainsi qu'on l'appelle dirent nos pêcheurs ; puis ils nous racontèrent encore diverses nouvelles intéressantes, nous nommèrent aussi le vapeur qui nous avait lâchés si honteusement la veille, le Lomonossov. Et alors nous avons compris ! Il avait pris notre misérable bateau pour un vaisseau de guerre ennemi et déguerpi au plus vite. Car la côte mourmane pouvait être attaquée chaque jour par des sous-marins allemands. Nous étions dans la zone dangereuse.

Les pêcheurs se montrèrent aimables, nous donnèrent du lait frais et deux demi-quarts de tabac qui nous parurent bien bons ainsi qu'aux gens de Sedov qui « jeûnaient » aussi depuis longtemps. En retour, le Dr Koushakov céda aux pêcheurs une bouteille de rhum, sans se douter du prix énorme qu'il avait déjà atteint.

Le Dr Koushakov prit un des bateaux de pêche pour aller à Rynda annoncer télégraphiquement notre arrivée et demander du secours. Nous ne pouvions atteindre Rynda de nos propres forces, le vent étant trop faible pour nos voiles. Dès quatre heures de l'après-midi, deux bateaux à moteur de l'entrepreneur de pêche Soboleff nous accostèrent. M. Soboleff vint nous saluer lui-même et nous apporter un gros paquet de journaux avec le récit des derniers faits de guerre. Après que les équipages eurent fait connaissance, les deux bateaux prirent le nôtre à la remorque et le menèrent à Rynda.

Les journaux nous apprirent entre autres nouvelles que le gouvernement russe avait équipé des expéditions pour rechercher celles de Broussilov et de Sedov. L'une avait été envoyée dans la mer de Kara, l'autre, pour le Santa Foka, vers la Terre François-Joseph.

Le soir, nous étions tous réunis au bureau télégraphique de Rynda, où le Dr Koushakov expédia de nombreux télégrammes. Il était le plus riche d'entre nous, possesseur de plusieurs centaines de roubles. Puis venait Konrad, avec un dollar trouvé à bord du Santa Anna, lors du démontage des cabines ! Tous les autres, moi y compris, n'avaient pas un centime. Le Dr Koushakov nous fit crédit et paya toutes les dépêches. Tous demandaient de l'argent aux leurs.

Ce même jour si rempli d'événements, M. Soboleff nous avait invités au thé, et nous y apprîmes que le vapeur Empereur Nicolas II, en route d'Alexandrovsk à Arkhangelsk, pourrait nous prendre. Le lendemain, cinq hommes du Santa Foka se rendirent à Arkhangelsk ; c'étaient, outre moi, Pavlov, Vize, Pinegin et Konrad. Le capitaine du vapeur qui nous emmenait fut on ne peut plus prévenant. Non seulement il nous accepta gratis, mais nous nourrit pendant toute la traversée et nous céda même sa propre cabine, le bateau étant au complet.

Le Dr Koushakov, chef de l'expédition Sedov, resta sur le Santa Foka qu'il voulait conduire lui-même à Arkhangelsk, après s'être fourni de charbon.

C'est ainsi que je fus rapatrié après mon odyssée de deux ans. De tous les compagnons qui, le 28 juillet 1912, avaient quitté Saint-Pétersbourg à bord du Santa Anna, deux seulement devaient revenir. Sauvés par miracle après tant de souffrances, nous débarquons à Arkhangelsk le 19 août 1914.

Alexandre E. Konrad (1890-1940),
seul rescapé avec Albanov de l'équipage du Santa Anna.

Georgyi Lvovich Broussilov.

Georgyi Lvovich Broussilov

Georgyi Lvovitch Broussilov est né en 1 884 à Nikoloyev dans une famille de marins et dès sa plus tendre enfance, il développe une passion pour la mer. Diplômé en 1905 du Collège Naval, il participe, à bord d'un torpilleur, à la guerre russo-japonaise en Extrême-Orient. De 1906 à 1909, il sert en mer Baltique avant d'être muté à la Direction Centrale de l'Hydrographie. Il repart pour Vladivostok, via le canal de Suez, à bord du brise-glace Vaygach, sur lequel il se rend vers l'embouchure de la Kolyma pour des missions de reconnaissance. Ce premier contact avec l'Arctique lui laissera une fausse impression de la facilité de naviguer dans les glaces, l'expédition n'ayant pas éprouvé de grandes difficultés à y progresser. L'abondance de phoques et de morses rencontrés dans l'Océan Arctique lui donne l'idée d'organiser sa propre expédition le long des côtes sibériennes dans le but de chasser les mammifères marins. En 1911, il demande à la Marine un congé de onze mois et commence les préparatifs de son expédition. Son oncle, le lieutenant général Boris Alekseiovitch Broussilov (1855-1918) fournit les fonds, mais pas aussi généreusement que Broussilov l'aurait souhaité. Il voulait acheter deux bateaux mais devra se contenter d'un seul.

Broussilov se rend en Angleterre pour acquérir la goélette Blancathra. Elle avait été construite en 1867, sous le nom de Newport, afin de rechercher l'expédition de Franklin. Rebaptisé Pandora II, le navire effectua deux voyages vers le Ienissei et sous le nom de Blancathra, deux campagnes en Mer de Barents.

Broussilov le rebaptise Santa Anna en l'honneur d'Anna Nikolaievna Broussilova (issue de la famille du baron Pariseau de la Valette, émigrants français arrivés en Russie sous le règne de Catherine II) l'épouse de son oncle Boris.

Comme le stipule le contrat d'affrètement signé le 1er juillet 1912, sa tante Anna est le véritable propriétaire du bateau et le principal commanditaire du voyage. Son neveu, bien que chef d'expédition, n'est en fait qu'un simple employé et doit, en outre, justifier du moindre kopeck.

Le navire quitte Saint-Pétersbourg le 28 juillet 1912. Il a été retardé par l'obligation de s'acquitter des droits de taxe auprès du Ministère des Finances. Selon la législation en vigueur à l'époque, tout navire acheté à l'étranger était soumis à un impôt de 12 roubles à la tonne, pour stimuler la construction maritime nationale. Pour le Santa Anna, il faut payer plus de 12 000 roubles, soit la moitié de la valeur du bateau. Broussilov réussit à arranger la question de l'impôt grâce à l'aide de la presse et aux relations de son père (L. A. Broussilov, 1857-1909, était vice-amiral, chef d'état-major de la Marine). Les restrictions financières impitoyables stipulées dans le contrat obligent Broussilov à choisir pour équipiers des gens peu compétents. Elles sont, sans doute, à l'origine du désistement de dernière minute de son ami le lieutenant Andreev, de l'hydrologue Sevastianov et du docteur, qui refusent d'embarquer comme simples employés.

Valerian Ivanovitch Albanov.

Valerian Ivanovitch Albanov

Valerian Ivanovitch Albanov est né à Voronezh en 1881. Fils d'un vétérinaire, il perd son père très tôt et son oncle l'envoie à Ufa poursuivre ses études. À 16 ans, il entre au Collège Naval de Saint-Pétersbourg, gagnant sa vie en dispensant des cours particuliers et en vendant les modèles réduits des bateaux qu'il réalise. En 1904, diplômé du Collège, il sert sur divers navires dans la Baltique. En mars 1905, il se rend à Krasnoyarsk pour occuper le poste de premier officier à bord du vapeur Ob sur lequel il parcourt pendant plusieurs années le Ienissei. C'est durant ce séjour qu'il acquiert une bonne expérience de la navigation dans les glaces. De 1909 à 1911, il effectue à bord du Kildin de nombreux trajets entre Arkhangelsk et les ports britanniques, avant de rencontrer G. Broussilov qui lui propose le poste d'officier de navigation à bord du Santa Anna.

Rescapé de l'expédition, il rencontre en octobre 1914 l'hydrographe L. Breitfuss qui le persuade de relater la dramatique expérience qu'il vient de vivre. Le 21 mars 1917 , Albanov lui remet son manuscrit, publié la même année dans le supplément au journal des Mémoires Hydrographiques. En septembre 1917, Albanov effectue un court séjour à l'hôpital militaire de Petrograd, avant d'être affecté sur le brise-glace Canada. En mai 1918, il se rend, sur les conseils de Breitfuss, à Krasnoyarsk dans l'espoir de faire partie de l'expédition de B. Viltkiski dans l'Océan Arctique. Albanov y participe sur le Sever « Nord ». Il meurt à l'automne 1919, dans l'explosion d'un wagon de munitions en gare d'Atchensk.

Pendant toute la course connue de sa dérive, du 15 octobre 1912 au 14 avril 1914, le *Santa Anna* fit en cinq cent quarante-cinq jours un trajet de près de 4000 kilomètres, à la vitesse moyenne de 7 kiliomètres par jour.

D'après tout ce que nous savons maintenant de la diection des courants polaires, l'infortuné *Santa Anna* a dû continuer sa course d'abord vers le nord, puis vers l'ouest. Cela correspondrait à la dérive du *Fram*, qui finit par mener ce navire dans l'Atlantique.

Sans nouvelles des expéditions de Sedov et Broussilov, la Société Russe de Géographie proposa dès le printemps 1913, que l'on monte une expédition de recherche. Le brise-glace *Yermak* semblait le plus approprié pour mener à bien une telle tâche, mais le Ministère de l'industrie refusa son utilisation pour ne pas compromettre le trafic maritime en mer Baltique.

Il faudra attendre l'été 14 avant qu'un véritable effort de recherche ne soit entrepris. On affrèta le baleinier *Éclipse*, sous le commandement d'Otto Sverdrup. Il atteignit la mer de Kara où il fut bientôt pris par les glaces et dut hiverner. C'est là qu'en janvier 1915, Sverdrup apprit par radio le sauvetage d'Albanov et Konrad ainsi que l'emplacement probable du *Santa Anna*, hors de portée pour lui.

Ce même été 1914, l'*Andromède* se rendit en Nouvelle Zemble, où il trouva dans la péninsule Pankratiev, un message de Sedov relatant son hivernage et avertissant de son intenton de poursuivre vers l'archipel François Joseph. L'information fut transmise par radio à Saint Pétersbourg d'où l'on décida d'envoyer le *Herta* vers l'archipel François Joseph. Parti fin juillet d'Alexandrovsk, le *Herta* croisa, sans l'apercevoir, le *Santa Foka* et se dirigea vers le cap Flora qu'il atteignit à la mi-août. Après avoir pris connaissance des notes, laissées par Albanov et Koushakov, on organisa un dépôt de fuel, vêtements, armes et nourriture au cas où les survivants du *Santa Anna* réussiraient à gagner le cap. Ensuite, le *Herta* longea les côtes sud de l'archipel, débarquant au cap Grant mais sans trouver trace des compagnons d'Albanov.

L'été 1915, l'*Andromède* fit une autre tentavive mais ne put franchir la barrière de glace barrant l'accès à l'archipel François-Joseh. Seul le brise-glace *Yermak*, aidé d'un avion aurait pu atteindre et prospecter la zone où se trouvait le *Santa Anna*. Ironiquement, cela aurait sauvé le *Yermak* : dès le début de la guerre, il fut endommagé par les Allemands.

Broussilov et les siens ont-ils végété péniblement et gardé jusqu'au bout, malgré leur dépérissement, l'espoir du salut par un miracle ? Ont-ils abandonné le bateau avant qu'il ne se fasse broyer par les glaces de la mer du Groenland, et tenté de rejoindre la terre François-Joseph ou le Spitsberg, comme Broussilov en avait émis l'intention ? On ne retrouva jamais la moindre trace du Santa Anna ni de ses malheureux occupants.

Christian de Marliave

CRÉDIT PHOTOGRAPHIQUE

p 6 : Musée arctique et antarctique de Saint-Pétersbourg
p 9 : D.R.
p 10 : D.R.
p 19 : D.R.
p 20 : *Fighting the polar Ice, A. Fiala, 1907.*
p 37 : La Stella Polare del mare artico, Duc des Abruzzes, 1903.
p 38 : *The North Pole*, R.E. Peary, 1910.
p 51 : *With Nansen in the North*, H. Johansen, 1899.
p 52 : *Prodvig Shturmana Albanova*, V. Alabanov, 1954.
p 77 : D.R.
p 78 : *Prodvig Shturmana Albanova*, V. Alabanov, 1954.
p 100 : *Chasses et chasseurs arctiques*, Duc d'Orléans, 1930.
p 121 : photo reconstruite. D.R.
p 122 : D.R.
p 149 : *La Stella Polare del mare artico,* Duc des Abruzzes, 1903.
p 150 : *A thousand days in the Arctic*, F. Jackson, 1899.
p 170 : *A thousand days in the Arctic*, F. Jackson, 1899.
p 203 : D.R.
p 204 : *A thousand days in the Arctic*, F. Jackson, 1899.
p 222 : *A thousand days in the Arctic*, F. Jackson, 1899
p 240 : Musée Arctique et Antarctique de Saint-Pétersbourg.
p 252 : *Prodvig Shturmana Albanova*, V. Alabanov, 1954.
p 253 : *Prodvig Shturmana Albanova*, V. Alabanov, 1954.
p 254 : *A thousand days in the Arctic*, F. Jackson, 1899.
p 273 : Musée arctique et antarctique de Saint-Pétersbourg.
p 274 : Musée arctique et antarctique de Saint-Pétersbourg.
p 278 : Musée arctique et antarctique de Saint-Pétersbourg

Table des Matières

Cet ouvrage a été tiré à 4000 exemplaires.
Dont 1000 exemplaires numérotés de 1 à 1000.
ISBN : 2 911 755 95 2
EAN : 97 82 911 755 958

Achevé d'imprimer par
Dumas-Titoulet Imprimeurs - 42000 Saint-Étienne
N° d'imprimeur : 43584 B
Dépôt légal : février 2006

Imprimé en France